新晋主管

从业务骨干到管理高手

〔美〕罗伯·高菲　加雷斯·琼斯◎著

赵彤◎译

WHY
SHOULD ANYONE
BE LED BY YOU

Rob Goffee　　　　*Gareth Jones*

民主与建设出版社
·北京·

图书在版编目（CIP）数据

新晋主管 / (美) 罗伯·高菲 (Rob Goffee), (美) 加雷斯·琼斯 (Gareth Jones) 著；赵彤译. —— 北京：民主与建设出版社，2023.5

书名原文：Why Should Anyone be Led By You

ISBN 978-7-5139-4141-9

Ⅰ.①新… Ⅱ.①罗… ②加… ③赵… Ⅲ.①领导学 – 通俗读物 Ⅳ.① C933-49

中国国家版本馆 CIP 数据核字 (2023) 第 076325 号

Original work copyright © 2015 Rob Goffee and Gareth Jones

Published by arrangement with Harvard Business Review Press

著作权合同登记号 图字：01-2023-1898

新晋主管
XINJIN ZHUGUAN

著　　者	〔美〕罗伯·高菲 (Rob Goffee) 〔美〕加雷斯·琼斯 (Gareth Jones)	
译　　者	赵　彤	
责任编辑	刘　芳	
出版发行	民主与建设出版社有限责任公司	
电　　话	（010）59417747　59419778	
社　　址	北京市海淀区西三环中路 10 号望海楼 E 座 7 层	
邮　　编	100142	
印　　刷	唐山富达印务有限公司	
版　　次	2023 年 5 月第 1 版	
印　　次	2023 年 5 月第 1 次印刷	
开　　本	880 毫米 ×1230 毫米　　1/32	
印　　张	8.5	
字　　数	200 千字	
书　　号	ISBN 978-7-5139-4141-9	
定　　价	59.00 元	

注：如有印、装质量问题，请与出版社联系。

本书谨献给
所有致力于引领企业
获得更好发展的领导者

目 录

新版序言一

本书自首次出版以来，世界局势经历了多次重大震荡。其中最为突出的是在 2008 年发生的金融危机——这是自 1929 年之后发生的最严重的经济危机。随着雷曼兄弟的破产以及金融市场紊乱的迅速蔓延，全球经济体系都在遭受威胁。无论对中小型企业，还是大型企业都造成了很大的冲击，甚至对地缘政治的变化也有着重要的影响。就在我执笔写这篇序言时，中东地区的局势似乎在短时间之内甚至是在更远的未来都无法稳定下来。

这些戏剧性的变化同"你凭什么领导别人？"这一问题是否有些许的关联？答案是肯定的。对于"本真领导力"的需求比以往任何时候都更加迫切。当全球金融危机尘埃落定之时，我们会看到，全球新兴经济体的崛起成功将一场严重的经济衰退演变为另一次大萧条。而在企业界，那些新兴经济体的领导者，已经开始引领我们走上持续增长和不断创新的道路。我们的世界比以往任何时候都更需要伟大的组织以及伟大的领袖。至于欧洲和中东地区，我们期盼着能够出现勇敢并且具有长远眼光的领导人，希望他们能使危险动荡的局势发生积极改变。

因此，我们确信本书中所传达的主旨能够引发共鸣。事实上，知识经济的出现，使领导力变得更为重要，同时也变得愈加困难。生活在知识经济中的很多聪明人并不愿成为领导者，他们中还有许多人也不想被别人所领导，他们想独自追逐个人目标或是下一个大事件。不过，如果能加以良好的引导，他们的效率会有显著提高。我们在《足智多谋：管理你最机敏、最富有创造力的手下》（*Clever: Leading Your Smartest, Most Creative People*）一书中便谈到过这一问题。

客观地说，自本书首次出版以来，"本真领导力"的概念已成为现代正统理念。犬儒学派甚至认为，本真性已经成为一种产业。然而，我们仍然相信，本书中对于真实性的定义与来自其他人的解释有着显著不同。我们的论点——仍然是——真实性体现在情境以及与他人的关系中。它从来就不是某人的个人属性。这就是我们的中心思想"更有技巧地——做你自己"所蕴含的真正含义。许多关于本真性的描述都以心理学方式为主，与之形成鲜明对比，我们在本书中采用了社会学观点。

领导者所面临的压力越来越大。与以往相比，他们的时间更为紧迫。他们需要更加迅速地对情况做出评估（我们会在本书中对这项名为态势感知的关键技能加以讨论）。这意味着领导者必须对情境加以解读，并考虑怎样才能更快地对其重新定义。如果不这样做，情境便会由社交媒体进行重新定义。此外，组织机构的世界日益呈现出由虚拟团队组成的跨地域性特征。领导者必须以创造性思维模式来实现团队之中的紧密联系，也必须通过新的交流方式对文化差异加以识别和利用。对于我们在本书中所讨论的关键领导技能，所有这些变化都会使这些技能得到进一步加强而不会被削弱。

尽管速度至关重要，但正如我们在书中强调的，领导力的发展是一个持续的过程。伟大的领导者永远不会停下脚步。领导技能需要不断地回顾和更新，这一挑战就摆在我们所有人的面前。同他人进行真诚而坦率的沟通，这会对高效能领导力的发展起到推动作用。对于许多组织机构来说，真诚都是一项稀缺的品质。我们在新书《为什么别人应该在这里工作？》（*Why Should Anyone Work Here？*）中谈到了这一特殊挑战——如何创建真诚的工作场所与组织机构。

当我们与来自不同组织机构的人们进行共同探讨时，我们也敦促他们去找出其他能够针对领导力真正本质这一话题进行坦诚讨论的人。我们希望本书中的一些问题能够对这些讨论起到推动作用。

但最大的问题仍然是：你凭什么领导别人？

新版序言二
你凭什么领导别人

　　新千年伊始，我们的研究便围绕这一个简单的问题正式展开了。无疑，它会对人产生一种影响。当我们在世界各地进行演讲，对听众们提出这一问题时，房间里一片寂静，人们都在思索自己的领导权力以及追随者们是否愿意被自己所领导。一篇以该问题为标题的文章还被刊登在《哈佛商业评论》（*Harvard Business Review*）上，并由此引发了广泛讨论。

　　在过去的五年里，这一问题在令我们感到既兴奋又有趣的同时，却也常常使我们感到困惑。在此过程中，我们对几十位企业界以及包括学校、医院、体育组织等各个领域的领导者（以及他们的追随者们）进行了采访。①毕竟，领导力是包罗万象的。它并不只是那些备受瞩目的首席执行官才有的专属领域。随着与学生和咨询客户之间的不断合作，我们从中学到了更多。

　　本书源于这一问题，但我们希望通过对这一问题的探讨，为我们现在面临的领导力谜题与困境得出一些答案，并由此引

_____

　　① 除特别注明外，书中的全部引文皆来自我们所做的研究访谈。

发出一系列全新的思考。

对于领导力的研究始于 25 年前，我们从三个角度对它进行了切入式研究。首先，作为学者，在形成自己的工作模式之前，我们先对过去一个世纪以来的领导力研究进行了详尽考察。其次，作为顾问，我们参加世界各地的研讨会，在会上同管理者与领导者一同探讨，并以观察大量客户的方式来对我们的方法进行测试。最后，作为领导者，我们在自己的组织机构中对我们所持的观点进行审视。

自始至终，我们的研究焦点都集中在那些善于激励他人的领导者身上——那些能够激励他人思想与灵魂的领导者。我们之所以会对领导力痴迷，是缘于马克斯·韦伯（Max Weber）极富魅力的反官僚主义思想。在商业领域，尽管兼具这个品质的领导者并非就意味着拥有一切，我们却认为这是笔巨大的财富。事实上，没有它便很难实现任何伟大的目标。

毋庸置疑的一点是：领导力关乎结果。伟大的领导者具有激励人们取得非凡成就的潜力。但这并不仅仅是关乎员工的绩效问题，领导力本身也有其所蕴含的意义。后面这一点十分重要，却常常被当代领导力文献所忽略。各级领导者都很看重绩效，原因在于绩效能为领导者带来利益。

显而易见的是，领导力对我们的生活有着深远影响——无论是在工作中、精神生活中还是在体育竞技中，当然，即便是在政治中也是如此。我们的这种观察也确实捕捉到了一种现代特有的痴迷——寻找真诚的领导者。至少在西方社会中，人们对于有能力的角色，甚至更糟糕的是，我们对于那些在政治或企业领域具有丰富经验的官员抱有日益加深的幻想。我们越来越怀疑自己"被加工"了。为此，对于真实性的探索也开始变得越来越迫切。

本真性追求

有证据表明在流行文化中人们对于真实性的渴望无处不在。电视真人秀节目（这是个真正的奥威尔式短语，即参与者们被一群隐藏在背后的匿名偷窥者操纵）势不可当的崛起便是一种表现。或者我们可以看看肥皂剧，它描绘出一种对往昔社区生活的追忆情怀——填补了人们在现实中因缺乏真诚的社交活动而留下的空白，罗伯特·D. 帕特南（Robert D.Putnam）在其所著的《独自打保龄》（*Bowling Alone*）一书中对此做了深刻剖析。[①]

对本真性的追求引发了一系列更为广泛的忧虑，而这些忧虑则来自我们对一个问题的思索，即我们现在正过着怎样的生活。对现代社会持批判态度的人们固执地认为现代社会存在三个问题，他们认为正是这三个问题限制或阻碍了人性的真实表达，让人们更难以做自己。

首先，利己主义获胜。说到现代社会最为显著的特点，那

---

① 罗伯特·D. 帕特南，《独自打保龄：美国社区的衰落与复兴》（*Bowling Alone: The Collapse and Revival of American Community*），纽约：西蒙与舒斯特公司，2000 年。

便是个人自由随着利己主义的发展而得到延伸。当然，其中的核心观点是个悖论。很少有人会否认现代生活增加了人类的选择余地，但许多人都被提醒要提防利己主义的过度兴起：这个世界纯粹以自私为特征，而并非自我的真实表达。

从本质上来说，这种批评认为，本真性其本身是取决于某种道德规范的。如果没有一整套共同的道德价值观，我们无法获得真正的自由。如果缺乏道德价值观，我们的领导者便无法做到真诚，只能称得上是孤芳自赏。安然公司、泰科国际有限公司、霍林格国际公司和世界通信公司等公司的破坏性丑闻则为这种批评添上了一抹当代色彩。

韦伯关于现代世界的观念同这种道德规范的缺乏密切相关，他的观念以一种特殊思维方式为主导。韦伯称这种思维方式为"技术理性"。① 而在更加现代化的术语中，这种思维方式通常被称为工具理性：在目的既定的前提下，通过手段与目的之间存在的联系对行为的合理性进行判断。这是一种脱离道德范畴的理性观点。你遇到的任何问题，都存在一个技术上合理的解决方案。

马克斯·韦伯认为这种思维方式的胜利构成了现代生活的噩梦。他情绪激动地描绘出人类被囚于铁笼之中无法逃脱的景象。这种对现代生活的批判比比皆是，但我们认为最为重要的

---

① 马克斯·韦伯，《经济与社会》（*Economy and Society*），马萨诸塞州，剑桥：哈佛大学出版社，1954 年。

是它在工作场所引发的后果。

从这个角度来看，工作已经退化。工作沦为满足其他目的——偿还抵押贷款或是购买设计师品牌商品的手段，而不再是一个既能建立并发掘真实自我，同时也能将真实自我表露出来的环境。员工与管理者们都不过是另一种可以被随时缩编、延迟甚至抛弃的投入品而已。我们的工作场所不再是能够表达本真性的竞技场，而是成了没有灵魂的生产机器，而生产出的产品名为顺从。这一主题透过卡夫卡（Kafka）小说那冷峻的悲观主义中体现出来，而西方文化则通过创造出数不胜数的反官僚主义英雄人物来给予抨击，从查理·卓别林（Charlie Chaplin）的《摩登时代》（*Modern Times*）到雅洛斯拉夫·哈谢克（Jaroslav Hasek）的小说《好兵帅克》（*The Good Soldier Schweik*），再到《第二十二条军规》（*Catch-22*）中的约塞连上尉。这些书中的所有主角都是拒绝被加工的人类。

最后一个主题解释了我们关注本真性的原因。这一点在亚历西斯·德·托克维尔（Alexis de Tocqueville）的著作中得到了最有力的阐述，他担心"软"专制主义会崛起——即在社会中，个人拒绝参与自治行为，以此来换取一个能够满足物质需求的政府。① 他对公民社会的衰落感到担心——无数非正式社团既发挥着社会黏合剂的作用，又作为自我表达的工具而发挥着关键作用。

---

① 亚历西斯·德·托克维尔，《论美国的民主》（*Democracy in America*），芝加哥：芝加哥大学出版社，2000 年。

托克维尔的这一观点后来在大卫·理斯曼（David Riesman）的经典著作《孤独的人群》（*The Lonely Crowd*）中也有所体现：书中为我们呈现了一幅被孤立的、被原子化的个体形象，这些形象并不具有能够创造出本真自我的社会关系。① 帕特南在其所写的《独自打保龄》一书中也流露出类似的焦虑。帕特南提供了大量证据作为支持：家长与教师协会的成员不断减少，公共会议的出席率持续下降，当然，尽管保龄球很受欢迎，但保龄球联盟却土崩瓦解了。

所有这些论点都有助于解释当代人们对于真实性的关注。这是人们对现代生活的动荡变化所做出的反应。工作与家庭体系似乎也受到威胁。不幸的是，近来发生的地缘政治事件也显著地强化了这种动荡感。随着变化率的增长，个体更愿意去寻求稳定性与意义。对于一个仅仅由角色扮演者来主导的世界，我们的怀疑也在逐步加深。

工作中的本真性

既能提供意义又具有凝聚力，组织机构凝聚力的传统来源都变得越来越弱，对于此类领导者的需求变得尤为迫切。旧世界的特点是具有复杂的等级制度、相对稳定的职业（只是对于

---

① 大卫·理斯曼，《孤独的人群：美国人性格变动之研究》（*The Lonely Crowd: A Study of the Changing American Character*），康涅狄格州纽黑文：耶鲁大学出版社，1961年。

某些人来说稳定，毕竟无法满足所有人）以及各组织机构之间存在清晰界限。而所有这一切都发生了改变。如今，出于对快速响应时间和竞争压力引起的降低成本需求，大多数组织机构中的层级结构正趋于平面化发展。但是层级并不仅仅是组织机构中的结构协调工具。更重要的是，层级是意义的来源。就在不久前，你经过 15 年的努力刚刚当上了主管的副助理——而且干得很不错。但随着等级制度的扁平化，一切都失去了意义。我们希望领导力能给组织机构灌输意义。[1]

同样重要的还有职业形式的改变。不久之前，许多人（并非所有人）的心理契约还包括在相对稳定的职业阶梯上向上攀登，通常是在一家公司内。但那些日子已成过去，取而代之的是，在知道自己所在的组织机构无法为自己的未来提供确定性的情况下，个体会通过增加自身的人力资本而使自己能在生活中得到更多机遇。其中一部分改变是个体得到释放——个体亲自设计打造自己的工作生活；另一部分改变则是除掉了工作意义的另一个来源。

组织机构的界限甚至也开始被打破。旧的企业行为理论描述的是离散的组织机构在可称完美的市场中相互竞争，或有输赢。而今天的组织机构则会同供应商、客户，有时甚至是竞争对手结成联盟。和公司血脉相连的组织人不得不忍受一个高度

---

[1] 理查德·塞尼特，《性格的腐蚀》（*The Corrosion of Character*），纽约：诺顿公司，1998 年。

模糊的世界，在这个世界里，对于组织机构的过度认同成了一个棘手的问题，而不再是一种职业生涯。[①]

最后，类似安然公司的丑闻接二连三地爆发，令我们对企业领导人彻底丧失信心。如果说尚有积极的一面，那就是我们可能终于摆脱了对于英雄 CEO 的崇拜。例如，人们对于所谓的沉默型领导者日益产生浓厚兴趣。我们担心，假以时日，这很可能会成为领导力的困境。我们并不希望领导群体——吵闹或是安静。我们需要真正的领导者。

公司丑闻是一种无关道德的领导力症状。它使经济体系得以凝聚在一起的意识形态遭到破坏，损失巨大。认为资本主义企业是以利益相关者的利益为导向的这种安逸信念遭受重创。人们对于政治经济状况普遍持怀疑态度。

高层管理者们也未能幸免。当他们在工作中被问及是什么赋予了生命的意义时，他们脱口而出的是公司的最新宣传口号："增加股东价值""取悦客户"。如果在家里被问及同样的问题时，他们会承认自己在与工作压力和功能失调的家庭生活做斗争时表现得毫无意义。我们正面临一种如瘟疫般泛滥的社会反常现象。[②]

---

① 迈克尔·B.亚瑟与丹尼斯·M.卢梭，《无边界职业：新组织机构的新就业原则》（*The Boundaryless Career: A New Employment Principle for a New Organizational Era*），纽约：牛津大学出版社，1996 年。

② 理查德·斯凯思与罗伯特·戈费，《难缠的管理者：他们的工作与生活方式》（*Reluctant Managers: Their Work and Lifestyles*），伦敦：昂温－海曼出版社，1989 年。

马克斯·韦伯关于"世界祛魅"的悲观预言似乎即将成为现实。[①]

所有这些都给现代社会留下了深刻的道德真空。我们也不确定自己相信什么。事实上,在西方世界里一个值得注意的当代社会现象是,随着人们努力地寻找信仰,邪教开始盛行。

对于真诚领导力的需求始终存在并且不断增长。当传统的等级制度土崩瓦解,只有领导力才能填补这一空白。如果没有明确的目的,意义便遥不可及。领导力则在其中架设起桥梁。每当我们在组织机构内部工作时,这种对本真性和领导力的追求便会得到强化。首席执行官们告诉我们,他们最迫切需要的是组织机构中能出现更多的领导者——而不是那些围绕在他们身边的出色的角色扮演者。而在组织机构的基层,人们呼吁的是能更加鼓舞人心的领导力,并且在人们之中普遍存在着一种希望能发展个人领导才能的强烈意愿。无论对于组织机构还是个人来讲,本真领导力都已成为最宝贵的财富。

[①] 马克斯·韦伯,《社会学论文》(*Essays in Sociology*)中"以学术为业"部分,纽约:牛津大学出版社,1975 年。

>>> 第一章

更有技巧地做自己

当我们向组织机构中的人员——高管、一线主管、校长、医院护士等——询问他们最希望自己的哪一方面能力得到发展时，他们给出了同一个答案：希望自己能成为更高效的领导者。他们都意识到，领导力无论是对于他们的生活还是对于其所在的组织机构都有着重大影响。

同样地，当我们向公司 CEO 们问起他们所面临的最大难题时，他们都毫无例外地答复称：我们的机构从各个层面上来讲都需要更多的优秀领导者。

那么，既然人们对于领导力的需求如此迫切，为什么领导者还是供不应求？我们认为有两个根本原因：

首先，组织机构的确需要领导者，但在塑造领导者的同时也抹杀了这些人的领导力。在我们所接触的组织机构中——无论是企业、公共部门，还是非营利性部门——它们之中的绝大多数都可被视为摧毁领导力的机器。这些组织机构只会对循规蹈矩之人加以鼓励，或是让这些扮演领导角色的人单纯地记住"他们是谁"以及"他们所代表的是谁"，这就够了。但这些根本无法造就出高效的领导者。而且，如此发展势必会导致成千上万的追随者不再抱有任何幻想，进而衍生出现代组织机构中最为严重的问题：员工们变得玩世不恭。

其次，我们对于领导力的理解是片面的。我们对现存的领导力方面的诸多文献进行了回顾之后惊讶地发现，无论新旧文献，其中关于领导力的阐述都寥寥无几。[1]这样的观察发现并非要对学术同行们加以指摘。毫无疑问，同我们一样，他们也在长期苦苦思索试图揭开领导力的神秘面纱。更确切地说，这项观察的对象是我们所采用的方法以及大多数研究所依托的基本假定。

领导力文献的主要内容聚焦于领导者所具有的特质。这就造成了强烈的心理偏差。它将领导素质视为个人与生俱来的。其潜在假定，领导力是我们针对其他人所做出的某种行为。但在我们看来，领导力应当被视为我们协同其他人所做出的某种行为。领导力必须被视为一种领导者与被领导者之间的关系。

有关领导力的书籍一直试图为领导力开出一剂良方。深陷困境的高管们受邀接受调查，他们将个人情况与清单上列出的领导力特质和能力进行比对——针对他们觉得自己一直以来所

---

① 与领导力相关的文献丰富多彩——例如有关于激励、团队、个人和组织机构变革等方面。但狭义的领导力领域令人失望。大多数标准组织行为学教科书都必有一个章节是关于领导力的。他们通常认为高效的领导取决于环境。虽然我们同意领导力是情境性的这一基本观点，但令人失望的是，许多理解便止步于此，对寻求提升自身领导力的个人所能提供的帮助简直微乎其微。例如最近的教科书评论，可参见 L.J. 马林斯《管理与组织机构行为学》（*Management and Organizational Behaviour*）第七版，伦敦：金融时报普伦蒂斯霍尔出版社，2004 年。对于经典的和最新的领导力研究的精辟回顾，参见杰伊·康格尔与拉宾德拉·N. 卡侬格《组织机构中的魅力领导》（*Charismatic Leadership in Organizations*），伦敦：世哲出版公司，1998 年。

寻求的。试图仿效他人，即便你的模仿对象是最为成功的领导者，你也不一定能成功。正如霍夫曼－罗氏有限公司（罗氏）市值高达 160 亿美元的环球制药部 CEO 比尔·伯恩斯（Bill Burns）对我们说的："我们都能成为杰克·韦尔奇（Jack Welch）这一想法本身就很荒谬。"①

在我们看来，根本就不存在普遍的领导力特质。一位领导的有效方式对另一个人来说则未必适用。我们认为那些追求领导力的人需要回归到他们自身，去发现当自己身处于领导情境之中时所能调动支配的是什么。他们需要确定自己所具备的个人领导力优势，并将其施展开来。②

我们的立场同许多现代思想不同，高效的领导力有赖于充分的自我认知。这有时会导致对于领导者内在驱动力的过分关注，会在情商（EI）公式以及更有甚者会去精神分析文献中找出关于领导力的相关表述。③毫无疑问，情商是非常有用的生活技能，但鉴于我们对于领导者的观察发现，只有极少数人能发

---

① 本章中所引用的材料来自以下采访：罗布·戈菲于 2002 年在巴塞罗那对比尔·伯恩斯所做访问；以及罗布·戈菲于 2000 年 2 月于巴塞尔对弗朗兹·休谟所做访问。

② 我们在刊登于《哈佛商业评论》2000 年九、十月刊的《你凭什么领导别人？》一文中首次发表这一观点。

③ 参见曼弗雷德·凯茨·德·弗里斯的著作 [参见黛安娜·库图，《让领导坐在沙发上》（Putting Leaders on the Couch），《哈佛商业评论》，2004 年 1 月]《领导的神秘性》（The Leadership Mystique），伦敦：金融时报普伦蒂斯霍尔出版社，2002 年；以及迈克尔·麦可比《自恋的领导者》（Narcissistic Leaders），《哈佛商业评论》，2000 年一、二月刊。

展充分的自我认知。更确切地说，我们的经验建议，高效的领导者除了对他们个人潜在的领导力优势具有充分的自我认知之外，他们还具有总体目标感。他们并非无所不知，但他们所知的已经足够。

在这种对于领导力的需求不断增长的背景之下，组织机构倾向于扼杀领导力，而且对领导力的需要与需求存在误解，关键问题在于：

我们如何才能成为更高效的领导者或是更高效的领导发掘者？

我们认为，答案就取决于对领导力的三个基本原理的明确认知。

情境因素

首先，领导力是情境的。领导者的所需会一直受到周围情境的影响。这是常识，事实也的确如此。[1]

①　玛丽·派克·福莱特，《动态管理》（*Dynamic Administration*），纽约：哈珀出版社，1941 年；弗雷德·费德勒，《领导效能理论》（*A Theory of Leadership Effectiveness*），纽约：麦格劳－希尔集团，1967 年；保罗·赫塞，《情境领导者》（*The Situational Leader*），加州埃斯孔迪多：领导力研究中心，1984 年；维克托·H. 弗鲁姆，"领导中的情境因素，" 苏比尔·乔杜里编著的《组织机构的 21C》（*Organization 21C*），伦敦：金融时报普伦蒂斯霍尔出版社，2003 年。

许多领导者在失去天时地利的条件之后，其原本具有的优秀领导品质也一下子变得黯淡无光，这样的例子在历史长河中比比皆是。例如温斯顿·丘吉尔（Winston Churchill），他在战争时期是位鼓舞人心的领袖，但当不列颠进入战后重建日程之时，他那坚毅刚硬的斗牛犬性格却令他变得无所适从。与之相似，乔治·布什（George Bush 老布什）在一次民意调查中获得了压倒性的胜利，由此他直接发动了第一次伊拉克战争，却在转年的大选中败给比尔·克林顿（Bill Clinton）而未能连任。与他们不同的是，纳尔逊·曼德拉（Nelson Mandela）却具有在截然不同的情境下发挥领导作用的能力，无论是身处罗本岛的牢房之中，还是站在比勒陀利亚联合大厦那优美的草坪前，他都能调整自己适应周围环境的改变。

　　在组织机构中情况也与之相似。例如，某些锋芒毕露、善于大刀阔斧削减成本，帮助公司扭亏为盈的经理，却在公司组建时失去了领导力。但是他们那些具有更强适应能力的同事却可以调整自己，并带领整个团队改变方向。

　　正如我们后文将谈到的，这种观察并获悉现状的能力被我们称为感应情境，它是领导力的关键所在。这需要将感觉能力同认知能力相结合。高效的领导者会从周围撷取重要的事态变化信号。他们能够适应组织机构的频率，并迅速感知隐藏在表象之下的暗流涌动。这种技能既适用于微观也可适用于宏观领域，小到我们每日的寻常碰面场景（会议、在走廊上经过、发生在电梯之中的对话），大到公司的战略决策（这次收购是否能一切顺利？这些人是否能成为好的合作伙伴？）。随后，高明的领导者会进行适当调整，并会有意识地去施展其个人能力或领导力优势。

我们并非有意过分夸张情境因素对于领导力的决定性作用。领导者所接手的势态，或者说情境，都仅仅是个起点而已。很显然，领导者的行为本身便有助于塑造情境，并改变他们所处的最初势态。这样，他们便能在自己的领导范围内影响并借此机会对势态进行重塑。通过交流，高效领导者会对最初接手的势态构建出可替代式情境。他们运用个人领导力优势去重新构建情境——以此来为自己所领导的员工们谋求福利。最后这一点尤为重要。领导者重新构建情境只求自身获益是远远称不上具有领导力的；真正的领导力是要为追随者们谋求福祉而去重组情境。这才是关系建立的基础。

无等级的

领导是有级别的，但领导力是没有等级的。大多数领导力文献都将注意力过多关注于那些身处各机构组织金字塔顶端的杰出人物。我们一直认为只有那些在机构组织内部占据高层位置的人才是领导者，但事实上，我们甚至可以这样说，可能正是这长期以来的误解影响了我们对领导力的理解能力，而并非出于其他理由。它蒙蔽了我们的双眼，使我们无法看清领导力的真正本质。

虽然我们认识到层级制度和领导力之间存在某种关系（它们可能履行类似的功能，例如在投资权威方面），但我们认为这种关系是依情况而定的。被赋予一个特定的组织机构头衔——团队领导、部门主管和副总裁——可能会赋予你一些等级权威，但这肯定不会让你成为一个领导者。等级制度本身既不是发挥领导力的必要条件，也不是充分条件。

事实上，有人可能会提出，能帮你登上大型或具有高度政治性组织机构顶端的品质显然与领导力无关。那些人出于各种各样的原因成功登顶——包括政治敏锐性、个人抱负、趋炎附势，甚至是裙带关系——而不是因为他们具有真正的领导素质。

我们在组织机构内部的采访与经验证明，领导力并非少数天选之人所独有的。伟大的组织机构在各个层级都有领导者。在对领导力进行研究时，我们最初所做的一些工作包括对军事组织机构进行研究。我们本以为，他们的层级性会阻碍领导力的发展。但事实远非如此。最出色的军事组织明白，在进行军事行动时，他们是根本无法依靠等级制度的。当第一枚迫击炮落地，等级制度便可能会被摧毁。因此全面发展领导力才至关重要。他们也的确在这样做。

不仅仅是军方已经意识到这一点。以葡萄牙最大的公司苏纳伊公司为例，后文我们还会对其进行更详细的研究。苏纳伊公司的业务范围从薄木板到电信，涵盖了庞大的零售业务。公司始终专注于高绩效——平庸是不可容忍的。公司宗旨明确指出："在苏纳伊，你要么是领导者，要么是领导者的候选人。"

其含义十分明显；如果你两者都不是，那么苏纳伊公司并不适合你。

成功的组织机构——无论是医院、慈善机构还是商业企业——都在力图广泛地培养领导能力，并为人们提供实践的机会。

相关联的

我们认为领导力的第三个基础为领导力与整个公司是相关联的。简单地说，领导者不能没有追随者。早期的特质理论似乎忽略了这一点。它试图提炼出领导者所具备的特质，却忽略了领导力是一种由双方积极构建的关系这一事实。实际上，领导力是一种社会建构，它是由领导者与他们渴望领导的对象之间的关系重新构建出来的。高效的领导者不仅仅是理想特质的混合体，他们还会积极地、交互地参与到一系列复杂的关系中，而这些关系是需要培养与哺育的。如同所有的社会创造一样，这种关系网很脆弱，需要不断地再创造。① 每一次同成功的 CEO、体育教练或是团队领导交谈时，你都可以证实这一点。所有人都会告诉你，他们的大部分领导工作都是致力于维护与追随者们之间的特殊关系。

---

① 社会现实的建构方式是社会学中一个重要而有影响力的研究方向，却鲜少被用于领导力研究和理论。更详尽的描述请参见彼得·L.伯格与托马斯·卢克曼所著的《现实的社会构建》（*The Social Construction of Reality*），纽约：铁锚图书出版社，1966 年。

这种对领导力关系本质的坚持并非意味着这些关系一定是和谐的——它们也可能很尖锐——但领导者清楚该如何激励追随者们并使他们成为优秀的执行者。

这是否意味着一般化是不可能的？我们并不这么认为。领导力的一些基本原则的确适用于所有领域。追随者们希望能从领导者那里获得兴奋感以及个人意义——这一点已经得到研究证实。[①] 此外，追随者们希望能成为更广范围中的一员，例如某个群体，如果你愿意打造出一个群体的话。但最重要的是，他们寻找的是真诚的领导者。事实上，真实性是这种关系中不可或缺的一部分。没有真实性，任何一方都不会付出信任并迈出重要的一步。

领导者如何展示真实性以及追随者如何能感知到，这是本书会多次提到的一个复杂主题。就目前而言，有必要指出的是，尽管这会涉及在不同情境下的不同行为，但高效的领导者仍然能够传达出一种一致的自我意识，这种自我意识在他们所扮演的每个角色中都能被巧妙地激发出来。

制造真实感

真实性的概念已经在心理学与精神分析学的角度得到广泛

---

① 关于个人认知的重要性和具有挑战性的扩展活动吸引力的动机文献是最相关的。例证参见约翰·W. 亨特《职场人士管理》（*Managing People at Work*），伦敦：麦格劳－希尔集团，1992 年。

讨论。这些文献大多聚焦于复杂的，可能毫无止境的自我发现过程上。①从这些丰富的研究成果中，我们得出三个关键因素。

首先，真正的领导者能做到言行一致。那些信守承诺，言出必行的领导者看起来更加诚恳，因此也更可信。试图说服别人去做那些自己永远不会去做的事情，没有什么比这更能让胸怀抱负的领导者变得众叛亲离了。但是领导者仅仅具有践行自己承诺的能力是不够的。

本真领导力的第二个关键性因素是在角色表现中展现连贯性的能力。换句话说，尽管因为在不同时间内面对不同受众而不可避免地需要扮演不同角色，但真诚的领导者所传达出的内在含义却是一致的。他们会展示出一种"真实的自我"，而这是将这些不同的表演结合在一起的成果。

与此密切相关的是第三个因素，也是最后一个因素。本真领导力需要一种自我安慰，这也许是最难做到的。这是角色扮演一致性的内在来源。《简明牛津词典》（*Concise Oxford Dictionary*）将本真一词定义为"无可争议的起源"。②而在领导力情境中，这一点正是追随者们所追寻的：一组有着共同本源的表演。

---

① 心理学文献在以下书籍中做了良好概述，卡尔·R. 罗杰斯，《论人的成长》（*On Becoming a Person*），马萨诸塞州格洛斯特：彼得·史密斯出版社，1996 年；罗伯特·奥恩斯坦，《自我的根源》（*The Roots of the Self*），纽约：哈珀·柯林斯出版社，1973 年；以及肯尼斯·格根，《饱和的自我》（*The Saturated Self*），纽约：基础图书出版社，1992 年。

② 《简明牛津词典》，牛津：牛津大学出版社，1995 年。

这三个因素之中的前两个已经引起广泛关注。多年前，哈佛商学院的克里斯·阿吉里斯（Chris Argyris）首次提出了信奉价值和实施价值之间的区别。[①]最近，杰弗里·菲佛（Jeffrey Pfeffer）提出的关于"知行"差距的讨论引出了新的转折。[②]通过"自我创造"来实现角色表演的连贯性，是在沃伦·本尼斯（Warren Bennis）众多著作中反复出现的主题。[③]

第三个关键因素自我安慰，这与个人起源和终点之间的相互作用有关。领导力文献中较少涉及这一问题，但它却与丰富的社会学传统有关。

尽管许多学者都在从事着紧张的研究工作，但在理解本真性重要性的方面，这些见解在很大程度上来讲仍有待探索，而本真性定义了领导者与追随者之间的关系。在过去的五年里，人们将本真性视为领导者所具有的一种特质，并因此而对其产生了浓厚兴趣。[④]然而，很少有人会去讨论本真性在社会关系中所扮演的角色。

那么对于那些追求领导力的人来说，这一切又意味着什么呢？

---

① 罗伯特·迪克与蒂姆·达尔玛，《实际运用价值：阿格雷斯与施恩思想的应用》（*Values in Action: Applying the Ideas of Argyris and Schon*），澳大利亚昆士兰查普尔山：Interchange 出版社，1990 年。

② 杰弗里·菲佛与罗伯特·萨顿，《知行差距》（*The Knowing-Doing Gap*），波士顿：哈佛商学院出版社，1999 年。

③ 沃伦·本尼斯，《成为一名领导者》（*On Becoming a Leader*），马萨诸塞州里丁：艾迪生－韦斯利出版公司，1989 年。

④ 戈菲与琼斯，《你凭什么领导别人？》。

简单的答案（看似简单）是，要想成为一名更高效的领导者，你必须更有技巧地做自己。

我自己

首先，要做一名领导者，你必须先做自己。本书的前几章将围绕这一主题进行展开。追随者们希望能有一个人来领导，却并不希望这个人是位角色持有者、暂时补位的人或是某个官僚主义者。那么不可避免地，那些可能会追随我们的人会——明确或含蓄地——在脑海中提出核心问题："你具备什么不同之处，使你成为领导者？"或者，换句话说："你有什么特别之处，吸引我追随你？"

但这并不是要让我们重新回到特质理论，因为它对于寻找模式差异的尝试在很大程度上来讲已经宣告失败。以特质为基础的研究中甚少存在相关性。例如，高效能领导者往往表现出略高于平均水平的信心。值得注意的是，这一数据仅是略微高于平均值，且因果关系尚不确定。换句话说，至少从表面上来看，他们的自信来自逐渐接触成功的领导经验。尽管付出巨大的努力，但特质理论从未最终确定因果关系。

而我们的观点几乎与特质理论完全相反。我们认为，高效的领导者知道那些可能有助于他们在领导岗位上发挥作用的个体差异——无论这些差异是什么——并利用它们来发挥自己的优势。他们必须识别出那些对追随者有意义的差异。例如，想想维珍航空的老板理查德·布兰森爵士（Sir Richard Branson）是如何利用自己的外表——休闲西装、一头长发还蓄着胡须——来传达一种不拘小节和特立独行的形象，后来这便成为他领导能力的核心部分，事实上，这也成了维珍品牌的核心。

这一例子说明个体可以通过巧妙展示自己的与众不同而吸引追随者。在这个例子中，这种差异是显著的、真实的并且是可被切实感知的。通过这个例子，我们想说明的是，布兰森的这种差异是在传达一种信息：这些差异是真实的，而并非刻意虚构出来的，而且这些差异十分显而易见。因此，我们所谈论的并非某个个体差异，而是一种巧妙而真实的展现——这种展现往往是经过多年的精心调整——而且有可能会对其他人产生激励作用的真正差异。

再来看看下面这个例子。我们在纽约的一幢大办公楼内遇到一位清洁主管，我们对她进行了观察。玛西亚是位波多黎各裔美国人，她带领着一支办公室保洁团队。无论从哪种意义上来说，她都是位具有传奇色彩的人物。她为自己的出身感到非常自豪，同时她也能微妙地解读团队中所呈现的多元文化。她有时会急躁——毕竟这是在纽约——但她会毫不掩饰地将这一点表现出来。她的谈吐与衣着都充满了异国风情。她会以一种幽默的口吻来表达事态的严重性：懒惰的清洁工要倒霉了！她的热情引起了办公室职员们的注意，他们都对办公室的整洁给予一致好评。了解这些之后，她的团队成员们知道她很关心他们，知道她一心想把工作做好。她在前景黯淡的环境下却组建出了一支高效团队。

玛西亚同理查德·布兰森有许多共同之处。那么他们是如何做到的呢？正如我们所指出的，这种能力并非建立在完全的自我认识之上，甚至不是建立在深刻的自我认识之上。相反，只有领导者专注于自己的任务并专注于自己的追随者们，这种能力才会得到实际的发展与磨砺。或许，这就是自我意识与自我认识之间的区别。随着时间的推移，这些领导者会找到适合自己的方法。问题的关键在于，只要领导者能使效果再现，那么这种方式起作用的原因以及原理对他们来讲则并不那么重要。事实上，以我们的经验来看，这种程度的自我认识往往是缺失的。

在第二章中，我们将探讨个体是如何了解并利用他们的差异，并举例说明这对于追随者们有着怎样的影响。这种自我发现的旅程可追溯到我们的起源——它是由家庭、性别、地域和社会阶层等强大力量共同作用塑造的。高效领导者能够从这些经历中提取出一种自我感知，尽管在很多情况下，他们的社会环境发生了重大变化，但这些领导者却并不会对这种自我感知感到不安。他们可以理解并十分适应自己所处的位置与起点。

作为一位领导者，展示自己不可避免地要冒个人风险——并且会暴露自己的弱点——我们将在第三章中讨论这些问题。是什么原因驱使个人去甘冒风险？根据我们的经验，这是一种坚定的目标感。伟大的领导者真正关心的是——一个想法、价值观、梦想或是愿景。正是这种承诺使他们能够克服逆境并甘冒个人风险。例如，想想民权运动的领袖们，他们为了追求自己的梦想而冒着巨大的个人风险。

不可避免的是，当领导者展露自己的时候，他们在将优点展示给我们的同时，也会展示出自己的缺点。但这是否会降低他们作为领导者的吸引力？我们并不这样认为。很明显，优点的展示会令领导者看起来实至名归——但否认自己的弱点却并不会为他们加分。要想被一个真实的人所领导，这就需要对领导者的人性弱点和缺点有所了解。追求完美的天性使我们很难相信他人的人性。但矛盾的是，否认弱点更可能会增加领导人的脆弱性，而不是使其弱化。

情境很重要

但是，尽管自我认识和自我表露之间的联系是理解高效领导力的一个中心（而且越来越流行的）起点，但它并不是一切。世界不是那么简单。领导力不是在真空环境中产生的：你必须在情境中做自己。伟大的领导者能够对所在情境进行解读并做出相应回应。他们会挖掘现有资源，并带来其他更多东西。用管理术语来讲，他们增加了价值，将真实性与适应性、个性与一致性进行微妙融合。我们将在本书的中间章节对这些能力继续讨论。

在第四章中，我们将对感应情境进行讨论。领导者会将认知与观察技能复杂地结合运用，这样他们便可以接收到有助于解读正在发生何种情况的信号，而无须别人再做解释。这些技能使他们能够对势态进行阅读和解释。当团队士气不稳或是自满到需要挑战时，他们就会及时进行调整。通常他们似乎是通过渗透来收集这些信息的。尽管有些人似乎与生俱来便具有感知的本能，但是我们相信这种技能是可以习得的，领导者也可以提高他们的感知能力。在我们的研究中，我们观察到领导者可以采用三种强大的方式来磨炼他们的感知能力。

首先是早期接触一系列不同的经历。这有时与家庭背景有关，包括孩童时期的流动性。这就为个人创造了机会。或者也可以说，是一种去体验和理解不同文化和生活方式的需求。[①] 在其他情况下，它源于早期的职业经历，这些经历在不同的职业群体或业务环境中提供了类似的文化对比。例如，许多领导者在他们职业生涯的早期，往往是在其组织机构从事着边缘性工作——通常是销售——这使他们能接触到一系列各种各样的潜在客户，并且在业绩的激励下去更好地了解客户（以实现销售），这一点令我们十分震惊。

以罗氏药业帝国的首席执行官兼董事长弗朗兹·休谟（Franz Humer）为例。他不仅善于察觉环境中的微妙变化，还能读懂微妙的暗示，甚至能感知到某些并未被说出口的观点。而这对于那些感知稍显迟钝的人来讲根本就无法做到。休谟告诉我们，这是他在 25 岁左右当导游时练就的技能，当时他要负责 100 人

---

① P. 克里斯托弗·厄尔利与伊莱恩·莫萨科夫斯基，《文化智商》（*Cultural Intelligence*），《哈佛商业评论》，2004 年 10 月刊。

以上的旅游团。"没有工资，只有小费，"他对我们说，"很快，我就知道如何在特定的群体中找到合适目标。最终，我可以预测自己能从任何一个特定的群体中赚到多少钱，误差不超过10%。"

第二种成功的方法似乎是结构化的、基于经验的学习。在这种学习中，个人可以接触到一系列直接的经验，并可在熟练的辅助者帮助下进行学习。我们也见证了商学院人际交往技能课程的蓬勃发展，以及360度调查反馈。两者都有一个共同的目标，即鼓励个人更好地感知他们所处的环境，以及他们的行为能够对他们产生影响的方式。

在一个案例中，我们采访了辛辛那提一家大公司中一位职位相对较低的办公室经理。事实证明，对他来说，以建设性和富有同情心的方式获得简短的360度反馈是他领导经验的转折点。

第三种方法，同样越来越受到高管们的欢迎，是借助私人教练。尽管教练的风格与方法各不相同，但他们通常都有一个共同的志向，那就是为个人创造机会，让这些高管在熟悉的与新的环境下练习技能，并获得有关其影响的反馈。

你不需要在成为一个组织机构的高级主管之后才能体验到这种辅导效果。比教练更好的训练对象是好的同事。我们观察到一位相对来说缺乏经验的年轻非洲裔美国女性，她得到一个领导一家大型零售店的机会。起初，她对自己的领导力方面觉得有些气馁——大多数员工都比她年长，经验也比她丰富。但她在公司的买家之中找到了一位经验丰富的导师，并抓住机会求教。在这位导师温和却又坚持不懈的指导下，她成长为一位令人兴奋，甚至是鼓舞人心的领导者。

但高效的领导者并不仅仅是简单地对情境做出反应。他们还通过阐明那些可以被利用的各方面有利条件——对情境进行塑造。这个主题将在第四章中进行展开。在第五章中，我们还会更进一步讨论高效领导者的充分的一致性。

这涉及在领导角色中为集体利益而沟通个性的技能。但它也涉及一种意识，即应在何时何地保持一致性。如果不具备这种衡量一致性的能力，领导者就无法生存下来，也无法建立与他人形成成功关系所需的联系。尽管表达方式不同，虽然具有明确的目标感和强烈的价值观，但高效的领导者似乎知道该在何时何地做出妥协。例如，想想南非的纳尔逊·曼德拉、北爱尔兰的格里·亚当斯（Gerry Adams）以及中东部地区参议员乔治·米切尔（George Mitchell），这些政治领袖在一定程度上都能够成功地"足够顺从"，却始终在追求一套清晰的价值观和政治理念。结果证明，他们并没有失去追随者。

通过顺从，他们与追随者展现出共同目标。换一种角度来看，这是有意识地参与到组织中去。为了获得高效，领导者需要确保他的行为与组织机构的文化足够吻合，从而产生吸引力。领导者如果无法做到与之相吻合，则只能失去追随者的支持而孤立无援。

造成这种紧张关系的核心概念是我们所说的社会现实主义

意识。^①这是成为一名真诚的领导者的重要部分。在我们的经验看来，那些具有领导潜在性的人之所以会失败，最常见原因便是他们缺乏足够敏锐的社会现实主义意识。

技巧因素

但是仅仅了解自己和情境是不够的。你还必须扮演一个领导者的角色。毫无疑问领导力是一种关系，因此在本书的后面几章，我们会重点讨论领导者在管理关系以及在恰当时机进行鼓舞人心的交流等方面的技巧。

优秀的领导者知晓何时该亲近——表示出同情，建立温暖、忠诚和友爱的关系；而何时又该保持距离——让人们专注于目标，处理不佳表现，给人际关系设定边界。在第六章中，我们将展示这些领导者是如何利用这一点来管理人际关系的。至关重要的是，领导者能够在不借助正式上下级制度的情况下创造出这种距离。在某种程度上来讲，我们所做的讨论与早期风格理论家的工作相呼应。但是，这种紧张关系背后的基本概念是最早由社会学家格奥尔格·齐美尔提出的社会距离。^②

————————

① 史提芬·卢克斯所编著的《杜尔凯姆：社会学方法规则与社会学选文及其实现》（*Durkheim: The Rules of Sociological Method and Selected Texts on Sociology and Its Method*），伦敦：麦克米伦出版社，1982 年；埃米尔·杜尔凯姆，《自杀：社会学研究》（*Suicide: A Study in Sociology*），伊利诺伊州格伦科：自由出版社，1951 年。

② 格奥尔格·齐美尔，《社交距离》（*Social Distance*），《格奥尔格·齐美

社会距离管理的其中一个结果，也是领导力的几个悖论之一：尽管领导者展示出他们是谁，但给他们定型却并不容易。因为他们既表现出情绪，但又会有所克制，与人亲近却又有所疏远，与我们很相似却又存在差异。因此，他们的同事们常常会认为他们具有神秘的特质。他们是真诚的变色龙，这一概念将在第六章中进行更详细的探讨。

完成这一切需要有技巧的沟通。高效领导者会尤其注意别人是如何看待他们的。他们不会认为别人的看法是理所当然的，也不会假定自己在不同情境下依然具有相似的感知。在第七章中，我们将探讨领导者是以何种方式来构建关于他们自己以及所处情境的引人注目的叙述。我们还会展示出他们识别有效沟通渠道的方式。

例如，一些领导者最擅长通过平台演讲的方式来展示他们的特质；另一些则在更为亲密的面对面环境中表现更出色。成为一名高效领导者需要知道哪些媒体能为你所用——并找到能对这些媒体加以利用的方法。最后，我们来看看他们是如何理解组织机构的步伐与节奏的——以及这对领导力沟通所具有的影响。

在第八章中，我们将研究领导力等式的另一边：追随力。如果就如我们认为的那样，领导力是一种关系，那么追随者也

尔所著社会学》（The Sociology of Georg Simmel），库尔特·H. 沃尔夫编辑出版，纽约：自由出版社，1950 年；戴维·弗里斯比，《格奥尔格·齐美尔》（Georg Simmel），伦敦：塔维斯托克出版社，1984 年。

同样发挥着至关重要的作用。在我们的研究过程中，我们询问很多追随者想从自己的领导者那里获得什么。他们的回答五花八门。但我们也发现了重复出现的模式。他们的答复可以分为四大类。追随者们想从领导者那里获得的四个要素是本真性、重要性、兴奋感以及群体感。高效领导者会理解并践行这四个关键问题。

最后，在第九章中，我们通过研究当事情出错时会发生什么（从某种程度上来讲，这是不可避免的），以及对领导者提出的道德要求，将这些实际问题结合在一起。

激励性张力

你会发现我们这本书中的每一部分都有潜在的张力：在展现优点的同时要暴露缺点，在做一个独立个体的同时要适当从众，在建立亲密关系的同时又要保持距离。管理这些紧张关系是领导力成功的核心。我们的经验表明，在上述领域中，如果你只在其中一两个领域内表现出色，那么你不具备真正的激励性领导力。正是上述领域内的相互作用，再配合情境感知的引导，使得伟大的领导者能够在正确的时刻找到正确的风格。

当你对这些张力进行思考时，你可能已经提前得出了一个结论：领导力是复杂的、苛刻的，而且充满个人风险。所有这些都是正确的。显然，不是每个人都能成为领导者。许多高管并不具备有技巧的真实性所需的素质，而这对于培养高效领导力是不可或缺的。他们无法平衡这些位于成功领导力核心的紧张关系。第一，要展示出理解并利用弱点与优点所需的成熟度。第二，要知道何时该走近，何时该与追随者们保持距离。第三，要意识到个人的表达方式必须与保持足够的一致性相平衡。

根据我们的经验来看，不难想象有些人似乎对自己的局限性毫不在意，却经常会对自己的优势过分高估。尤其是一些高管会系统性地夸大自己在他人心目中的可信度，这一点众所周知。同样地，我们也很容易想到另一些人，他们似乎陷入了与他人"亲密无间"的默认模式，永远无法分开来保持客观距离。对于第一类人来说，他们与他人的分离——如果无法建立联系——会让他们永远处于孤立状态，失去维持高效领导力所必需的关系。而对另一些人来说，情况则正好相反：成为"众人之中的一员"会致命地削弱他们的领导能力。

最后，我们还目睹了无数令人不安的例子，某些高管认为，领导力的艺术是以一种要么接受，要么放弃的大胆方式无拘无束地表达他们的"真实自我"。但典型的结果却是，他们通常会发现其他人会选择离开。领导力并非骑马入城把它拍摄下来就能实现的。以此类推，有技巧的领导者需要对这个城镇有所了解，并且要有足够的一致性，这样他们才能被认为是在为这个城镇的居民谋求最大利益，因此他们才得以领导变革，而不会在变革初期就被判出局！

你想得到它吗？领导力与生活

然而，所有这些特质都是领导力的必要条件，却不是充分条件。个体本身必须也想成为领导者——许多才华横溢的人对承担这一责任并不感兴趣。[①]另一些人则宁愿将更多的时间投入在私生活上而不是工作上。毕竟，生活不仅仅是工作，工作也并不仅仅是为了要成为领导者（生活比工作更重要，比成为领导者更重要）。

在关于领导力的热门讨论中，这种其他事项优先的意识经常被忽略——尤其是在商业领域更是如此。假设每个人都有足够的精力、动力和毅力来为他人提供激励性领导力，这是很轻率的。而正如我们所认为的，每个个体都具有独特的差异，这些差异可能会在我们扮演领导角色时被利用，但我们每个人都必须解决这个棘手的问题：我们想要得到它吗？如果我们这样做了，我们是否希望将工作所需的一切全部投入，并做出必要的牺牲？

很可能是各种各样的因素——缺乏想象力的教育体系、限制就业、官僚等级制度——无情地摧毁了个人精神，而这正是真实领导力的基础。如果能消除这些障碍，我们便与其他人一样，确信会有更多的领导人出现。但如果假设我们都想得到它，

---

① 海克·布鲁赫与苏曼特拉·高沙尔，《管理是行动与达成的艺术》（*Management Is the Art of Doing and Getting Done*），《商业战略评论》（*Business Strategy Review*），2004 年秋季刊。

这一想法本身便有些不切实际。

认为优秀领导力总是能带来最好的商业结果，这种想法也是不明智的。我们早些时候便指出，领导力并不仅仅关乎结果。然而，这是许多现代领导力研究者已经陷入的误区。我们过分地关心目的——有时却忽视了方法。有趣的是，对领导力的经典理解主要与提供意义有关。对于结果的痴迷是一种当代自负，这在一定程度上侵蚀了领导力的道德维度。

一些领导得当的企业不会在短期之内得到结果，而一些成功的企业却并没有被很好地领导。例如，安然公司在过去几年的表现似乎异常出色。如果说结果总是取决于良好的领导力，那么挑选领导者就很容易了。在任何情况下，最好的策略都是在业务成绩最好的公司里寻找人才。但很显然，随着这家企业痛苦地倒闭和管理丑闻的出现，人们发现事情并非那么容易。

显然，与追随者相联结的能力——去激励、兴奋并唤醒追随者们——是一种核心领导力属性，同时也是本书关注的重点。正如我们前文所说，没有它就不可能有出色的表现。但领导人引导能量的方向却是千变万化的。

在与安然公司有着类似公司文化的企业中，"兴奋"的产生可能会导致不当行为和灾难性后果。同样，即便员工们工作积极性很高且被领导得当，一旦他们的产品市场崩溃或是政府资金变动导致失去根基，他们依然会失败。与此同时，在市场受到保护的条件下，准垄断企业即便是在管理得力但缺乏领导力的情况下依然可能会表现得令人满意。

然而，尽管有这些附带条件，事实依然是：伟大的领导者可以，也必须有所作为——而你作为一名领导者的能力也能得到提高。在此过程中，你甚至可以让世界变得更美好。正如我们对那些和我们一同工作的人不断敦促的那样，"更有技巧地——做你自己"。在接下来的内容中，我们将向你展示遵循这一建议所面临的严峻挑战，以及如何应对这些挑战。

被领导者——追随者们——一直在不断地问出本书的核心问题：你凭什么领导别人？你又凭什么来领导我们？高效领导者必须每天以自己的言行来回答这些问题。

>>> 第二章

充分地了解并展示你自己

领导力从你开始——如果你不知道自己是谁，你就无法成为一名成功的领导者。你的同事们——潜在的追随者们——有一个简单却又基本的需求：他们希望能由一个人来领导，而不是服从于企业里的某个党派成员。除非你能让别人知道你是谁，你代表什么，以及你能做什么和不能做什么，否则你不可能去启发、唤醒、刺激并激励他人。[①]

以世界最大的通信服务公司 WPP 的领导者马丁·索瑞尔爵士（Sir Martin Sorrell）为例，WPP 集团旗下拥有众多公司，其中包括智威汤逊广告代理公司（JWT）——一个满是创新型人才的组织机构。众所周知，创新型人才很难被领导，更不用说是管理他们，但他们对 WPP 能否获得成功至关重要。事实上，WPP 的公司使命与战略宣言开宗明义地写出："要培养和管理

---

① 除另作说明，本章引用的内容来自以下采访：罗布·戈菲于 2003 年 4 月在韦威对彼得·包必达所做访问；罗布·戈菲于 2002 年 12 月在巴塞罗那对比尔·伯恩斯所做访问；加雷思·琼斯于 2003 年 5 月在纽约及伦敦对里克·多比斯所做访问；加雷思·琼斯与罗布·戈菲于 2002 年 11 月在伦敦对格雷格·戴克所做访问；罗布·戈菲于 2003 年 2 月在伦敦对大卫·加德纳所做访问；罗布·戈菲于 2003 年 2 月在戈德尔明对约翰·莱瑟姆所做访问；罗布·戈菲于 2003 年 5 月在伦敦商学院对凯伦·马什所做访问；罗布·戈菲于 2002 年 9 月在法兰福对萨特伯格所做采访；罗布·戈菲于 2002 年 10 月在伦敦对马丁·索瑞尔所做访问；罗布·戈菲于 2003 年 2 月在伦敦商学院对珍·汤姆林所做访问。

人才，并将他们的才能应用到全世界。"

索瑞尔是个精力充沛的人。他固执、直率又聪明。经过二十多年的努力，他运用这些人才打造出了一张强大的全球商务网络。多年以来，他学会了利用自己作为领导者的一些个人差异。在向索瑞尔的同事们询问他的情况时，一个高度一致的画面出现了。

首先，他们会告诉你索瑞尔对于电子邮件的快速回复堪称传奇——无论何时何地。这种情况对他来说已经习以为常，举例来说，即便索瑞尔需要在美国工作一周，他仍会与身处伦敦的同事们在工作时间上保持同步。索瑞尔的一万五千名同事都可以找到他。他传达出的信息十分明确：你有任何问题都可以随时来找我，你很重要。正如他告诉我们的："如果有人联系你，那一定是有原因的。这与等级制度无关。他们是不是大人物也并不重要。没有什么比自己的语音留言得不到任何回复更能让人感到沮丧的了。毕竟我们所从事的是服务行业啊。"

但这并不是他所传达出的唯一不同之处。"在别人眼中我是个有些无聊的工作狂会计，同时也是微观管理者。"他告诉我们，"但我认为这是一种称赞，而不是羞辱。参与是很重要的。你必须清楚正在发生的事。"任何一个可能被索瑞尔拜访的人都有可能会面临他固执的一对一问询——关于数字和业务的创造性方面。索瑞尔的不同之处提醒了人们，不只 WPP 的核心是创造力，其本身也是一个创造型企业。

当我们与索瑞尔的同事进行交谈时，他们所注意到的另一件事是索瑞尔永远不会感到满足。他有理由为 WPP 公司的成功感到骄傲，但他不断提醒人们："还有很长的路要走。"

索瑞尔并不是世界上最善于自省的人——他实在太忙了，根本顾不上自省。可他知道在特定情境下什么可以为己所用。他利用自己领导力的不同之处——容易接近、密切参与业务细节、不安分——来平衡创造性的一面。他的这些领导力特质一方面反衬出了会阻碍大型成功企业发展的等级制度和自满情绪，另一方面则是对毫无节制地产生新想法的一种反衬，新想法的无限产生会导致有创造力的组织机构失去业务重点。

私人舞者

当然，了解和表达出真实的自我说起来容易做起来难。个人在工作场所中常常很难去轻松地表达自己，因为担心自己会被嘲笑或失败。结果呢？个人将自己在组织机构内的大部分清醒时间都用来抑制本真自我。他们把"真正的"自我，以及与之相伴的大部分精力——都留给了家庭、朋友、私生活和当地社团。①

尽管很少有人用这些术语来讨论这个问题，但是无法在工作中做自己是工作和生活平衡之争中的一个重要因素。我们的

---

① 我们在前一本书中曾讨论过这一主题：理查德·斯凯思与罗伯特·戈费，《难缠的管理者：他们的工作与生活方式》（*Reluctant Managers: Their Work and Lifestyles*），伦敦：昂温－海曼出版社，1989 年。

职场文化使得我们很难在工作中的自我以及私生活中的自我之间找到平衡。工作和生活的平衡并不仅仅意味着要待在家里——它是指要将工作场所变成可以展示个人本真性的竞技场。即使是在鼓励员工自我表达的组织机构中，员工们自己可能也并未准备好要做出回应。他们的经历可能已经破坏了这种认识并展示自己的能力。[①]

事实上，展示真实的自我需要具备一定程度的自我认知（或者至少要具有自我意识）以及自我表露。二者缺一不可。

我们观察过一些人，他们很了解自己，却无法与他人沟通。他们的同事们并不会读心术，因此这些人往往令人沮丧地保持着神秘感，除非他们能够克服自己对于保持神秘的偏爱，而这需要他们做出抉择并掌握技巧。一些内向的高管落入了这个陷阱。组织机构内的时间飞速流逝，随着领导者对产生影响的要求越急迫，问题也会变得越严重。我们观察过一位非常有才华的硅谷高管，她向我们讲述了她认为未来科技会改善人类生活这一令人叹服的愿景，她似乎对这一前景满怀激情。但当我们向她的追随者们询问，他们根本就不知道她的这一愿景。显然，她没有找到一个自我表露的合适途径。

同样，还有一些人由于缺乏自知之明，使他们在自我表露方面所做的努力遭受致命破坏。他们虽然经常与人交流，但他

---

① 理查德·塞尼特在《性格的腐蚀》（纽约：诺顿公司，1998 年）一书中对工作场所的变化和身份认同问题进行了挑衅性的讨论。

们表现出来的自我形象却是虚假的。同事们通常会认为他们很虚伪或并不真诚。你无法假装真诚。有一次，我们建议波士顿的一位风险投资家能多花些时间与团队成员在一起，因为他们都认为他既疏远又冷漠。于是他决定在星期五下班后请他们去喝一杯，可他流露出的友好十分虚伪。尽管他认为自己的表现很有效果，但他的追随者们却认为他是骗子。

因此要做自己，首先必须了解你自己，并且充分地展示你自己。（换句话说，你必须具有足够的自我意识，并且已准备好要自我表露。）

正如自我认知永远没有尽头；自我表露也是如此。高效领导者对自己的了解与展示足够将他们的领导力影响发挥到极致。

大量的学术关注都集中在人格同一性上。我们无意对这些理论进行重新审视和修改。我们既没有能力这样做，也不认为这是理解高效领导力的核心。心理学文献中对诸如"自我""个性"与"人格"等相关概念有着丰富而广泛的阐述。[①]

即便你对这项研究并不了解，你也可能很熟悉它的副产品：广为流行的诊断仪器与心理测量工具，它们可以帮你理解"你

① 卡尔·R.罗杰斯，《论人的成长》，马萨诸塞州格洛斯特：彼得·史密斯出版社，1996年；罗伯特·奥恩斯坦，《自我的根源》，纽约：哈珀·柯林斯出版社，1973年；肯尼斯·格根，《饱和的自我》，纽约：基础图书出版社，1992年。有趣的是，这些问题的社会学视角在乔治·赫伯特·米德借鉴库尔利作品所著的《心灵、自我与社会》（Mind, Self and Society），芝加哥：芝加哥大学出版社，1934年一书中被打开了。然而，这些早期的公式在领导力文献中从未真正得到发展。自恋和领导力之间的联系是在迈克尔·麦可比与曼弗雷德·凯茨·德·弗里斯作品中才体现出来。

是谁"：你独有的优势、弱点、资质、人格特征，等等。

自我评估仪器往往很有帮助。这些仪器能帮助我们了解诸如活动、工作或职业这些能让我们觉得最有成就感的事。但如果走向极端，它们能提供的帮助也变得有限。作为个体，我们以及我们的个性发展很少按照那些提倡评估的人所说的那样"按计划发展"。发现我们是谁可能是个伴随终生的过程，需要我们不断地去测试和学习，不断地去尝试和犯错，这条路坎坷又曲折。

如果我们试图理解领导力，这些有关人格同一性的主要心理学方法便有所局限。领导力是一种关系。你不可避免地会在特定情境中向别人展示出你对自己的了解。这就有可能导致你会在不同时间、不同地点展现出不同的自己。而自我的创造也是一个终生过程。

什么对你有所帮助

考虑到这穷尽毕生的探索之旅，期望能将有技巧的自我表露建立在完全的自我认识之上显然是并不合理的。高效领导者很少具有完美的自我认知。有些人太过于专注自己的首要目标而无法顾及自己，而另一些人则表现出自我意识严重扭曲的自恋特质。[1] 毕竟人无完人。

---

① 盛田昭夫，《永远不要在意在校成绩》，日本东京：朝日新闻出版公司，1987 年。

高效领导者的特点是清楚知道什么可以帮助自己有效地同他人进行交流。正如我们前面提到的，这并不意味着他们必须深刻理解这种方式的作用原理以及作用原因。我们在高效领导者身上观察到的主要是一种自我意识。当这些领导者与他人互动时，他们似乎能更好地了解别人如何看待他们，以及他们如何在形成自我同一性时积极地塑造他人的看法。

我们追溯过往经历，而这些经历并非那些后来成为伟大领袖者所独有的。我们大多数人或许还能回忆起自己早年十几岁约会时的样子，那时的我们会特别在意衣着和外表，还记得那件幸运衬衫、那双战无不胜的鞋子，还有那瓶特别的香水吗？当你发现那件特别的衬衫没有被熨烫好或者是最喜欢的香水已经用完的时候，你甚至仍能记起自己当时的愤怒。

你的调查还可以更加深入。例如，你可能想测试一下，你的这些与众不同之处究竟会在哪里能产生最大的影响。在舞池内、在咖啡馆里，抑或是在公园里漫步时？事实上，你的青春期可能标记下了你第一次有意识的思考，并且已经去尝试如何在某种程度上充分利用这些差异来对其他人形成刺激。

高效的领导者会继续在这方面努力。他们会对自己的与众不同之处进行深入了解，尤其是当他们开始意识到自己身上的那些不同之处使自己对别人具有吸引力时，他们会利用这些差异来发挥领导作用。

想想比尔·盖茨（Bill Gates）。盖茨的不同之处在于，他是位终极电脑狂人。他把这种带有贬义的偏见转化为自己的优势。一旦说到计算机行业，盖茨便无所不知。他一贯表现出的"极客"气质在我们脑海中留下一种印象，而这种印象对于他和他的公司来讲都非常重要。随着时间的推移，这种对自我形象的运用会越来越熟练。

回想一下理查德·布兰森爵士，他巧妙地利用自己的外在形象以一种吸引人的方式来传达人格同一性。美国前总统克林顿表达个人魅力的方式是，他与人握手的时间会比预期长几分之一秒。与他有过握手经历的人一定会注意到这一点，并对此有所评论。

在20世纪80年代，英国最大的制造企业帝国化学工业集团（ICI）老板约翰·哈维·琼斯（John Harvey Jones）因一头长发和花哨的宽领带而闻名于整个商界。这种独特性便是他成功的原因吗？当然不是。但这证明了他具有能将自己的不同之处发挥出来的聪慧能力，他借此传达出自己是个敢于冒险，有企业家精神且独一无二的人——这就是约翰·哈维·琼斯。这是他经过深思熟虑后所想出的策略吗？首先，我们怀疑——它更多的是出于个人品位与偏好。但我们觉得，哈维·琼斯是随着时间的推移才开始意识到这些差异为他带来了好处。它们帮他从人群中脱颖而出并对他产生了正面影响。

即使是在西方人眼中过于强调均匀性和一致性的社会中，领导者也有机会巧妙地表达出自己的与众不同。以索尼（Sony）公司创始人盛田昭夫（Akio Morita）这样的传奇人物为例。他素来以精力充沛著称，已经72岁高龄的他仍保持着每天早上7点打网球的习惯——而且对手通常是些年轻人。他挑战了日本社会中根深蒂固的信仰。例如，他在其著作《永远不要在意在校成绩》（*Never Mind School Records*）中辩称，在判断一个人是否具有经商能力时，这个人的学校成绩并不重要。[①]他重新对美日经济关系本质进行透彻探究，并使索尼公司成为第一家在纽约证券交易所上市的日本企业。更重要的是，他明白无论一个公司的发源地在哪里，它都要在全球范围内为客户、股东以及员工们提供服务，正是这种理念使他成为首位具有重要意义的商业领袖。

不过别忘了，领导力是不分等级的。我们观察到组织机构内不同层级的人们也会利用他们的不同之处来打造自己的领导能力。以我们在纽约一家医院所遇到的护士卡罗尔·布朗（Carol Browne）为例。她的人际交往能力很强。事实上，你可以认为她很迷人。真正了不起之处在于，她运用个人魅力将一个以护理病人为中心，并由护士、管理人员、医生以及护理人员组成的团队紧密团结在一起。卡罗尔的魅力是真实的，她利用这种魅力来实现总体目标。

首先，这是无意识的。但在某种程度上来说，个体会有意识地去选择适合自己的工作以及他们准备适应的程度。

以波莱特（Paulette）为例。她在宝洁公司（Procter &

---

① 领导者如何利用自己的情绪来释放他人的能量，丹尼尔·戈尔曼，《情商》（*Emotional Intelligence*），纽约：班坦图书公司，1995 年。

Gamble）管理着一支销售团队。在初次见面时，她看起来很害羞，十分内向。的确，我们的第一个观察结论是，她没有什么特别之处。随后我们又对她及其团队进行观察。这时两种强大的领导力差异显示出了她的重要影响。首先，她具有出色的全面分析能力：令她的追随者们感到欣喜的是，她将市场、竞争与产品分析得面面俱到。其次，她那追求胜利的激情激励着她周围的每一个人，让他们都会努力表现得更出色。我们鲜少看到一位领导者能如此高效地将这种痴迷转化为领导优势。

传播领导力

我们观察时间最久的领导者之一是英国广播公司（BBC）前总经理格雷格·戴克（Greg Dyke）。同英国国家卫生服务机构（National Health Service）一样，BBC 常被视为现代英国皇冠上的宝石，这是一项举国自豪的成就。

事实上，BBC 所吸引的媒体报道可能比英国其他任何机构都要多。管理一家全国性机构是项艰巨的工作。BBC 拥有大约2 万 5 千名员工，每年的收入约为 30 亿英镑。与这些金钱和关注度相伴而来的，是一定数量的苛责之声。正如格雷格·戴克所说，如果你的节目拥有高收视率，你会被指责为"肤浅"，如果没有收视率，那么你又会被指责为"浪费纳税人的钱"。

戴克任职期间的特别之处是对 BBC 进行了重大调整。他增加节目经费投入，并削减了行政成本（他将 BBC 的司机车队进行缩编，这一点十分具有象征意义）。但最令人印象深刻的是，他改变了员工们的士气，鼓励他们将"创造力和创新精神置于我们所做的一切事情的核心"。

从外表上看，格雷格·戴克并不具有BBC老板的典型形象。他的身材矮小，发际线明显后移（事实上，它已经向后退出了相当远的一段距离）。他衣着讲究，略带些娱乐圈风格。他的全部西装都是出自同一位裁缝之手，他明确要求这些西装的设计不要看上去"太过老派"。他的步伐轻快又坚定。他的言谈举止无不散发着能量——他曾经是位颇有前途的400米短跑健将。即便是在他50岁出头的时候，他仍表现得精力旺盛一刻也坐不住，如同拳击手在赛前表现出的那样。

他更喜欢直接用眼神交流（除了要传达某些坏消息的时候）。他张口便是标志性的伦敦腔，却又并非东区口音。实际上他出身于西伦敦，但他的声音中无疑带有一个土生土长的伦敦人所特有的城市节奏。在与人相处时他很活泼，行为举止也和蔼又可亲。他对于科学教育、博物馆都抱有浓厚兴趣，而最大的兴趣或许还是足球，尤其是曼联（Manchester United）（他曾是曼联的一名董事）。

换句话说，他根本不是你想象中BBC总经理的样子。格雷格·戴克绝对不是当权派，他明显与众不同。然而，格雷格·戴克运用他真实自我的这些方面，巧妙地在情境中为BBC传达出自己与前任们的不同观点。他将核心目标重新定位，要着手将BBC打造成一个极其刺激又有趣的工作场所，在这里制作并播出可以丰富人们生活的节目。他的失败——2004年，他在与英国政府高调地进行政治对峙后被迫辞职——并不能归咎于缺乏领导力。（关于他离职的原因，我们会在以后再做探讨。）

仔细观察戴克，你会发现他的自我呈现既明确又巧妙。他了解自己，并将自己熟练地展示出来。随着时间的推移，他学会了如何最大限度地利用自己的明显差异。面对那些自己希望能争取到他们支持的下属，他甚至会在自己的某些方面展示出一定程度的嬉笑打闹。他将自己的活力与个性传达给了追随者们。

在他离开BBC的那天晚上，工作人员给了他一个前所未有的感人告别。一大群员工聚集在BBC大楼前为他鼓掌。许多人泪流满面。戴克是他们信任并甘心追随的领导者。正如我们所见到的，员工们情感流露的原因在于戴克真诚的领导风格。

不同笔触

成为一名伟大的领导者并非意味着你必须要成为一位企业超人。例如，已故的达尔文·E.史密斯（Darwin E. Smith）曾在金佰利－克拉克（Kimberly–Clark）纸业公司担任了20年的首席执行官。人们对他的印象是害羞、谦逊，甚至可以说是有些笨拙。史密斯总是戴着一副厚重的黑框眼镜，穿着并不时髦的西装，看起来更像是某个小镇上来的乡巴佬，而不像是位企业巨头——但这就是他利用个人优势所塑造出的形象，既能贴近企业，又能将外界不必要的注意力转移开。在极客成为流行时尚之前，史密斯便是名极客。在他不动声色的领导之下，金佰利不仅胜过了宝洁这样的竞争对手，还超过了通用电气（GE）、惠普（Hewlett-Packard）、可口可乐（Coca-Cola）、3M 以及美国的任何一家明星企业。[①]

更多的领导者会使他们的差异影响最大化。我们可以参考前伦敦市长肯·利文斯通（Ken Livingstone）。他的衣着如同一位略显疲倦的学校老师，说话时带着一种与众不同的鼻音，对待新人总是热情满满。他坚持规律地乘坐地铁上下班，至少两次运用自己的领导力使伦敦的交通系统发生改变——大幅降低票价，而且最近又对伦敦市中心的道路交通征收拥堵费。几乎没有其他政客能在不失去公职的情况下提出这种不得人心的议案。2004 年，利文斯通以绝对多数的支持率重新当选。他之所以会获得成功，是因为人们相信他真的就如普通的伦敦人一样。他们可能并不同意他的政治观点，却仍会投票给他，因为他是由衷地关心伦敦的发展建设的。

然而有时候，同事们认为重要的个人差异可能并非你所期望的。以罗氏医疗保健公司（Roche）董事长弗朗兹·休漠为例。近几年在我们对他的数百名同事进行研究观察时，我们经常会向他们问起休漠在沟通方面存在的差异。他们列举出休漠的诸

---

① 吉姆·柯林斯，《从优秀到伟大》（*Good to Great*），纽约：哈珀商业出版社，2001 年。

多特点，其中包括他的企业家才能、营销洞察力以及创新激情。但是他们会将哪一项放在首位呢？是他在情感交流方面的特点，尤其是他那双敏锐的蓝眼睛。这一观察结果令理性的瑞士科学家们倍感惊讶。

和休谟的第一次会面，让我们很有启发。其中一位作者被带进他那间能够俯瞰莱茵河的大办公室，并被领到房间远处角落的一张桌子前。他问了休谟博士一个礼貌的问题作为开场白。休谟博士默默地从桌子旁站起来，大步走到窗前，凝视着莱茵河好一会儿。然后他回到自己的办公桌上，点燃一支大雪茄。他慢慢走到我们坐着的那个角落，抽着雪茄，透过搭在鼻梁上的眼镜出神地朝下望着，缓缓地做了回答。

从提出问题到给出答案大概只有一分钟，却感觉已经过去了两百年。乍一看，这似乎不过是首席执行官们一向惯用的以办公室形象为借口来掩饰自己的傲慢行为。但这其实是一种误解。正如之后从他的同事们口中证实的那样，休谟擅长以沉默和面部表情来表达自己的情绪和体贴。如果你正在经营一家复杂的、知识型企业，这些都是合适的领导价值观。

弗朗兹·休谟同样认为个人激情能够推动创新发展。看他做公开演讲，你会亲眼见证一场经过精心打磨的出色表演。他将个人情感巧妙地展露出来，吸引并激励他人。[1]

---

① 对于身份、角色和角色距离等更进一步的讨论，参见尔文·戈夫曼的经典著作《日常生活中的自我呈现》（*The Presentation of Self in Everyday Life*），马萨诸塞州格洛斯特：彼得·史密斯出版社，1999年。

"有一次召开高管会议，在这一天的末尾我们享受了一场美妙的音乐会作为这一天工作的结束，"他的一位同事告诉我们，"小提琴手是位很漂亮的女士，她的演奏相当精彩。结束时，观众报以热烈的掌声。看到一切都井然有序，休谟起身离席，他顺手从小三角钢琴上的一个花瓶里拿出一把鲜花，献给了这位小提琴手。他的潇洒、创造力以及他容易冲动的特点都在这一瞬间完美展现。这一举动带来了又一轮掌声和真诚的笑声。对我来说，这段记忆便是弗朗兹最好的时刻——冲动、行动，并将所有的美好都串联起来呈现给你。"

现实检验

个体之间的交流差异几乎是无穷无尽的。因此当你试图建立一份明确的领导特质清单时，任何努力都是徒劳无功的。这是因为作为领导者，你的这些差异必须是真实可信的、有意义的、真实的而且可感知的。

回想一下马丁·索瑞尔。他是否曾刻意表现出个人差异？是的。这样的刻意表现在 WPP 集团内是否重要？这一点毋庸置疑。那么这些表现是真实的吗？完全真实。

很显然，到目前为止我们所引用的所有关于领导者的例子都是他们利用差异来表现出自己是谁以及自己所代表的是什么：布兰森的不墨守成规，克林顿的人际魅力，哈维·琼斯的创业活力，比尔·盖茨的科技性"极客气质"，卡罗尔·布朗对待病人的耐心，格里格·戴克的平易近人，达尔文·E.史密斯的谦虚，肯·利文斯通的伦敦人身份，以及弗朗兹·休谟的情绪强度。

在所有这些例子中，领导者都在恰当地运用着个人差异。他们传达出正确的信息——同时也是真实的信息。最终，正是这种真实的自我表达使他们如此令人信服。

但是我们如何知道它们是真实的呢？这个问题很难回答。这里涉及巨大而复杂的哲学问题。最终，人类识别不真实行为的本能这一惊人能力帮助了我们。当不真实行为被追随者们发现时，领导者便很难再获得他们的信任。

当然，这也是许多成功高管所撰写领导力秘籍的问题所在。即使这并非作者有意为之，也存在一个重大风险，即读者可能会得出这样的结论：通过模仿他人的成功经验便能成为伟大的领导者。但事实远非如此。只有一个人能让杰克·韦尔奇心悦诚服——那就是杰克·韦尔奇自己。同样，李·艾柯卡（Lee Iacocca）、比尔·盖茨、史蒂夫·乔布斯（Steve Jobs）、理查德·布兰森等这些传奇人物都在我们面前树立了榜样。对于这些志向远大的领导者来说，挑战在于如何变得更加了解、更善于展露自己，而不是试图去成为另一个人。

这意味着要深入挖掘并利用你所拥有的，不断与他人进行现实核查以便得知自己是如何被感知的。深入挖掘通常意味着要回归到你的起源，我们会在本章后面再对此进行详细探讨。例如，马丁·索瑞尔认为整个组织机构内所有人的话语都应当被认真聆听，当他解释自己的观点是与父亲所秉持的坚定信念一脉相承之后，你便不会对此感到意外。索瑞尔告诉我们，他相信"每个人都是有价值的"。同样，格雷格·戴克也认为他从父亲那里继承了"人民之子"的风格，他说："父亲会和包括清洁工在内的所有人谈话，但却会嘲笑那些把自己看得太重的人。"

本真性领导者并非模仿者。为了在与追随者们的关系中保持真实，领导者会经常接受现实的检验。正如罗氏制药的首席执行官比尔·伯恩斯告诉我们的："当别人想把你捧得高高在上时，你必须脚踏实地。否则当你置身高位一段时间后，你再也听不到真相。你所接收到的信息都是经由身边亲信过滤之后的，他们十分了解你，知道你想听什么。你最终会成为蜂巢里的蜂王，不再与工蜂有丝毫接触。如果我的妻子和秘书看到我变得有点骄傲自负，她们会在我头上狠狠地敲一下，我完全授予她们这样的权力！"

当然，这并不是比尔寻求反馈的唯一方式。几年来，我们一直观察着他以及他的顶级团队，我们采用了360度广泛访谈和个人领导风格问卷评估的方式。同所有最有效率的领导者一样，比尔不断尝试打开所有正式的以及非正式的渠道以了解其他人是如何看待他的。这不算是什么狡猾的手段，不过是一个简单的愿望，他希望能更多地了解自己，并想知道他给别人留下了什么印象。

在领导力的舞台上

比尔·伯恩斯的明智做法提醒我们，高效领导者在核查他人如何看待自己以及哪些差异该归因于他人时会表现得尤为谨慎。

领导力不可避免地带有戏剧元素：它是一种对追随者们有益的表演。发挥你的不同之处，并找到展示它们的有效方法，这在不同程度上来讲都是一种怀揣目标的有意识行为。但这并不意味着它不真诚。好的领导者想要为自己以及追随者们做得更好，他们会为自己的角色投资。但是，正如这些例子所显示的，他们总是会预留足够的空间来看待自己在这个角色中的位置，来评估自己的表现，以及评估这种表现是否符合他人与情境的需要。

有时，沟通中的惊喜元素可能是毁灭性的。我们在巴西遇到一位社工，他决定通过组建并训练一支足球队的方式融入当地帮派组织。当地帮派起初对这位温和的慈善家抱有极大的怀疑。而他是球场上最难拦截的球员之一，这一点恰恰帮助了他。即便是在最艰难的时刻，他也表现得很坚强；尽管巴西足球一贯强调娴熟的技巧，但没有什么能比强有力的铲球更令人钦佩的了。这既为他赢得了最初的尊重，后来也帮他赢得了爱情。

再来看看珍·汤姆林（Jean Tomlin）的例子。当我们对她进行采访的时候，她是零售企业玛莎百货（Marks & Spencer）的人力资源总监。①珍是一位在英国人力资源部门担任高级职位的黑人女性。她对于恰当地自我呈现这一点颇有见地：

在我进入一个场合之前，我试着去弄清他们会怎么想。我准备好要说的话，并准备好在这种情境之下自己要成为什么样的人。如果是去参加一个聚会或者进入一个满是陌生人的房间，我会试着做一些功课来理解自己即将面对的是什么。我想做自己，但我也要将我的一部分融入情境之中。你了解到的是我的一部分。它既非伪造也不仅仅是流于表面，而是与当前情势切实相关的一部分。

而作为一位领导者，我有一种独特的方式。曾经有人对我说，当我的眼神变得专注，语速也变慢——这就是很明显地表现出，我们正在讨论某项任务。我所呈现出的是自己的一个侧面——清晰、专注、表情严肃——但这不过是我的其中一部分，认识我的人都了解这一点。

在与一所获奖学校的校长约翰·莱瑟姆（John Latham）交谈时，我们也遇到了类似问题，即该在何时以何种方式表现差异。尽管莱瑟姆有着与生俱来的热情、远见和激情，但他在担任这所公立学校校长的开始是以一种刻意低调的方式来扮演新角色。

---

① 和格雷格·戴克一样，珍·汤姆林在我们的采访结束后就离开了。正如我们在第九章将讨论的，领导力不可避免地会让个人面临风险，包括失业。

上一任校长曾在四年时间里推动了学校的快速变革。这让许多员工担心莱瑟姆的到来会引起另一场"剧变"。

"我用了很长时间思考自己作为校长的第一句话，"莱瑟姆告诉我们，"我的前任用的是他的姓，这显得有些仓促。'我叫约翰，'我以此作为我的开始语。我解释道，教和学是我的动力，但我发现这两者很难。我想知道什么能使他们感到兴奋，又是什么使他们犹豫不决——于是我便去他们的教室聆听。他们许多人说起要将门把手修好或是时钟不走了。这些就是我的起点，从这些小事做起。第一天上班的那个下午，我在回家之前就动手修好了几样。这样就快速地解决了一些问题。我希望能在做实事方面获得口碑。"

约翰·莱瑟姆说明了高效领导者会尽可能地迅速传达出"正确的"差异——以他为例，他对教育和发展有着强烈的个人热情，但他同时也很谦逊、乐于倾听，并愿意亲自处理影响日常表现的细节琐事。

早期形成的印象往往很难改变。当西蒙·古利福德（Simon Gulliford）成为巴克莱银行（Barclays Bank）的营销总监时，他发现自己那威尔士人的魅力和直率很难融入那多少有些政治意味的公司文化中。西蒙是来自南威尔士工业山谷的前橄榄球运动员，他说话时仍然带有明显的威尔士口音，既不时髦，更谈不上优雅，倒是颇像他那位脾气暴躁的祖父的腔调。他计划了一系列的路演，要将他的想法传达到各个分支机构，我们敦促他将行程提前，因为我们知道他会不虚此行。他是我们所知道的最能煽动人心的演讲者之一，他对时机的把握以及他的个性与智慧保证能赢得所有听众。果不其然，在路演结束之后，工作人员都被他所征服。古利福德用这些演讲来展示他的远见卓识以及非凡的吸引力与说服力。

好演员

雀巢公司（Nestlé）首席执行官彼得·包必达（Peter Brabeck）的照片被刊登在一份雀巢环境报告的封面上，照片中的他穿着登山服坐在瑞士山顶。在另一份出版物《雀巢领导与管理原则》中，他身着一套深色西装站在公司总部的大楼外面。正如他告诉我们的："我希望用登山者的形象，因为水和环境都涉及个人情感。这张照片是真实的。我在周末就是这样的穿着。我是名登山爱好者。这必须是真实的。你不能试图假扮成别的什么。这张登山照片中的我是作为人类在表达。当我身着西装站在办公室前则是在为公司发声。两张照片效果都很好。它们是不同的。但却都是真实的。"

随着个人差异的识别和传递的精细化，领导者与追随者们很可能都会默认个人差异正在发挥作用。但是那些能熟练运用的人会表现出足够的个人差异来证明真实性。他们还能够为了展示差异而创设情境。

当托马斯·萨特伯格（Thomas Sattelberger）还在德国汉莎航空公司（Lufthansa）担任负责运营的高级副总裁时，他说，"我要打造自己的舞台"，并且要让公司的两万五千名员工都能明白这一点。萨特伯格是位极具天赋的演说家，他仿佛和房间里的每一个人都保持着目光接触。他说，自己最有效的方式不是一对一，而是"面对许多人"。因此，他选择了一种全体员工会议的形式，这样他可以向多达200名员工同时发表演讲。"人们都看着我的眼睛，"他说，"因此我总是会把椅子放在舞台中央。我不需要桌子和投影仪。这样我能直观地看到人们的反应。"他是正确的，他的表现使他成了一名高效领导者。

当然，这种角色扮演必须要小心处理。危险在于，人们可能会认为领导者是在炫耀自己的优势。这往往会导致失败而非成功。20世纪90年代初，在罗伯特·霍顿（Robert Horton）担任英国石油公司（BP）董事长兼首席执行官期间似乎就发生了这种情况。霍顿具有出色的聪明才智，这一点确实令人钦佩，但他将这一优点过于刻意地在人前展示，别人便可能会认为他傲慢自大、过于卖弄。他的这份自信使他在美国工作期间很受欢迎，但一到了英国的办公室则受到冷遇。事实上，这些个人差异最终导致霍顿仅仅在上任3年之后便遭到解雇。

与之相似，曾任英格兰足球国家队教练的格伦·霍德尔（Glenn Hoddle）曾让他的明星球员大卫·贝克汉姆练习某个特定动作。当贝克汉姆无法做到时，霍德尔这位曾经十分出色的球员会说："来，看着我怎么做。"他完美地完成了这个动作，但也就在那一刻，他失去了整个团队。其他球员认为这是对贝克汉姆的公开羞辱。霍德尔后来被他的球员们戏称为"巧克力"，因为他们觉得霍德尔认为自己是"极品美味"。

这就是我们所熟悉的自恋型领导者陷阱，这是领导力文献中一个值得探讨的主题。[1] 我们的同事杰伊·康格尔（Jay Conger）认为"个人魅力的阴暗面"会使个体变得自私，使其夸大自己的能力和自我重要性。[2] 用我们的话说，这些领导人意识到了自己的差异，却使其扭曲变形，最终将这些差异鼓吹得不成比例，往往带来灾难性后果。这样的例子不胜枚举：从20世纪70年代宝丽来公司（Polaroid）的埃德温·兰德（Edwin Land）到苹果公司（Apple）的史蒂夫·乔布斯、北欧航空公司（SAS）的让·卡尔松（Jan Carlzon）和沃尔沃公司（Volvo）的佩尔·于伦哈马尔（Pehr Gyllenhammer）。[3] 这些人都会让你产生一种绝对可靠的感觉，也是这一点让他们的公司面临危机。

团队中有位领导者

高效领导者利用他们的与众不同来为自己和团队争取利益。

---

① 参见曼弗雷德·凯茨·德·弗里斯的著作［参见黛安娜·库图，《让领导坐在沙发上》（*Putting Leaders on the Couch*），《哈佛商业评论》，2004年1月］《领导的神秘性》（*The Leadership Mystique*），伦敦：金融时报普伦蒂斯霍尔出版社，2002年；以及迈克尔·麦可比《自恋的领导者》（*Narcissistic Leaders*），《哈佛商业评论》，2000年一、二月刊。

② 杰伊·康格尔与拉宾德拉·N.卡侬格，《组织机构中的魅力领导》（*Charismatic Leadership in Organizations*），伦敦：世哲出版公司，1998年。

③ 康格与凯南格所著《魅力型领袖》（*Charismatic Leadership*）；凯森与于伦哈马尔在《麦考比》（*Maccoby*）、《自恋型领导》（*Narcissistic Leaders*）等书中有所讨论。

实际上，它们传达出一种令人安心的信息："我会在你倒下时接住你。"他们的员工们知道领导者有能力完成任务，但领导者也会适时让位，让员工们发挥自己的优势。实际上，这是保护领导者免受"炫耀"指控的典型方法。

帆船运动员暨冒险家皮特·戈斯（Pete Goss）就是一个强有力的例子。他最著名的事迹也许是在参加法国旺代不靠岸单人环球航海赛（Vendée Globe）时从狂风暴雨中勇敢地营救出一名法国选手。为此，皮特被授予荣誉军团勋章，这是法国对英勇行为的最高奖励。他还被授予大英帝国勋章（MBE），并被评为年度帆船运动员。皮特还有一系列的其他成就，包括在飞利浦（Philips）团队的赞助下开发出革命性的双体船。

毫无疑问，皮特是位伟大的人物，他有着强烈的个人激情和获得成功的决心。一旦他下定决心做一件事，他就会竭尽全力去做。看看他的简历，你会发现他有许多值得夸耀的地方。但他并不是你想象中的传奇人物。当你与他面对面时，你会发现他很谦虚，并不爱出风头，而且（据他自己承认）有些害羞。他会告诉你他很害怕站在一群陌生人面前演讲，以及他从别人那里学到了什么。并且他会以一种实事求是的方式告诉你："一切的关键是要着手去做并享受这个过程。这并不是杯子半满还是半空的问题。我们所说的是无论多难都要去做！"最重要的是，他会提醒你，"单人"游艇比赛是个不太恰当的说法，他所有的成就都是建立在一个"非常大的家庭"的共同努力之上，正是这个大家族之内的优势互补最终造就了成功。

近年来，以戈斯为代表被标榜为"安静的领导"风格逐渐流行起来。[①] 毫无疑问，皮特能够以一种低调朴素的方式来展现他的领导才能。但我们认为更重要的是，他以身作则去鼓励周围所有人。他的个人差异很有意义。他是活生生的例子，证明谦虚的人只要用心去做便能成就伟大事业，用皮特最喜欢的话来说，我们每个人心中都"有一位巨人"。

聆听学习

我们普遍认为，在培养自我意识的过程中，高效的领导者会追求一种简单清晰的策略：他们会去尝试，并获得反馈。多年之前，心理学家大卫·库伯（David Kolb）描绘出个体对于特定学习方式的偏好。他将学习的过程描述为具体的经验、反思和观察、积极实验，最后是抽象概念化。[②]

我们观察到，高效的领导者在很大程度上依赖于经验与实验。他们的确会进行反思，却很少通过理论来实现自己的领导能力。颇具讽刺意味的是，商学院的经典课堂体验大多是围绕

---

① 《哈佛商业评论》中的文稿证实了当代安静领导式的流行。例证参见小约瑟夫·L. 巴达拉克《我们不需要另一位英雄》，《哈佛商业评论》，2001 年 9 月刊；詹姆斯·科林斯《五个领导层次：谦逊与坚定决心的胜利》，《哈佛商业评论》，2001 年 1 月刊；黛布拉·迈耶森《彻底改变，安静的方式》，《哈佛商业评论》，2001 年 10 月刊。

② 大卫·库伯，《经验学习》（Experiential Learning），伦敦：金融时报普伦蒂斯霍尔出版社，1983 年。

着抽象概念进行的，反思和观察则并非重点。

雀巢公司的包必达认为："我很难用一种完全理性或分析的方式来解释领导力。有一部分是你无法解释的。没错，你当然可以改进技术——这一点我并不反对。但领导力必须建立在经验和情境的基础上。年轻时，我必须要去服役。想想看。那时我17岁，那是一次非常有趣的经历。基本上，这是你生命中第一次被当作垃圾对待！人们对此的反应很有趣。我们之中有人想要自杀。他们无法接受。你如何消化这些经历十分重要，它能帮你更好地认识自己。"

其他领导者似乎能够在日常工作和职业生涯中积累更广泛的经验。电子游戏开发商艺电公司（EA）的前欧洲首席执行官大卫·加德纳（David Gardner）虽然远离自己的故乡加州，但他也很享受自己负责艺电不同领域时所遇到的差异。在我们的讨论中，他经常兴致勃勃地谈起在英国、法国、德国等不同情境中对艺电公司文化进行翻译和应用时所遇到的挑战。在他的工作日程中，他强调要定期对艺电公司的每一个欧洲办事处进行走访，尽可能多听取人们的意见——包括公司内外的所有人：销售人员、办公室职员、工程师和客户。在此过程中，他会尽量避免碰到当地高管。在我们对他进行采访的时候，他正准备休假去尝试更多新体验——他计划要在日本待一段时间并在商学院任教。

当然，正如学习理论家们所鼓励的那样，去尝试一些超出积极性实验范围之外的事情——通常意味着你要在舒适区之外进行操作。校长约翰·莱瑟姆将他的学校气氛描述为"有些紧张""有些冒险""不太舒服"，这在很大程度上源于他自己不断尝试新事物的动力，并非所有倡议都会受到一致的热烈欢迎。当他建议孩子们自己设置测试题时，他们认为他"异想天开"。他的一位教学同事认为他的授权哲学是在"胡扯"。这些都没有挫伤约翰传教式的热情，只是教会了他在运用自己独特的才能时，要在风格、节奏和方法上做出调整。

同样，大卫·加德纳初到欧洲时的主要担忧是，员工们可能会对他的真诚关怀、他鼓励参与并赞美团队精神的初衷冷嘲热讽，误认为这是美国企业的洗脑。他有意调整自己的风格，鼓励人们对他本人甚至是艺电公司的价值观进行更多的质疑和辩论。

当大卫宣布要休假一年时，他的一位创意员工指责他将同事"抛诸脑后"——这证明了他不过是公司机器的代表而已。大卫开始和他谈话，解释自己对休假的担忧和不确定。他的同事对他的诚实感到愕然，很快便忘记了公司职员的刻板印象。

在以上种种情况下都有证据表明，领导者学会恰当运用自己的差异——大卫·加德纳对人们的关心，约翰·莱瑟姆对授权的热衷——使这些差异能在不同情境之下为他们带来积极影响。

社会本真性

真正的领导者愿意走出自己的舒适区。但值得注意的是，在我们所观察和采访过的领导者中，最为成功的那些似乎都是非常"脚踏实地"的人。他们非常清楚自己是谁，来自哪里。他们很满意自己的出身。

例如，格雷格·戴克总是会讲起他父亲如何一视同仁地对待所有人的故事。他在讲述这些故事时语气中满是自豪，仿佛这些故事描述了他今后的样子。巴克莱银行的西蒙·古利福德经常会谈起他的祖父。他风趣地讲述了自己的祖父是如何坚持认为，尽管自己已经70多岁了却仍对女士们有着很强的吸引力。古利福德解释说，他强烈的自信源于祖父对他的信任。

通过观察我们认为，真正的自我意识源于个体对自己传记的理解，而其中一个关键是要了解出身是如何对他们进行塑造的。当然，出身可以从很多方面来理解。对某些人来说，家庭出身最为显著；对其他人来说，可能是阶级、性别、种族、社会地位、宗教或地理位置。

在不同文化中，个体对于其出身的理解可能有所不同。例如，在美国，场所可能是特别强大的身份来源，而在许多欧洲国家，阶级与地位往往以一种神秘的方式仍然占据着主要地位。在亚洲的许多地方，家庭仍然是概念化起源最重要的方式。[1]

---

[1] 对文化差异和认同的进一步讨论，参见南希·J.阿德勒《组织机构行为的国际维度》（*International Dimensions of Organizational Behavior*）第三版，俄亥俄州辛辛那提：西南大学出版社，1997年；以及 P. 克里斯托弗·厄尔利与兰德尔·S.彼得森《难以捉摸的文化变色龙：文化智力作为全球经理跨文化培训的新途径》（*Elusive Cultural Chameleon: Cultural Intelligence as a New Approach to Intercultural Training for the Global Manager*），《管理学教育学院》（*Academy of Management Learning and Education*），2003年。

尽管存在这些总体文化差异，但我们有证据表明，领导者会通过多重视角来思考他们的出身起源，所有的变量都将在某种程度上被重新改写：一个因素叠加在另一个因素之上。因此，每个个体都可能是多重决定的主体。

　　里克·多比斯（这个名字会在后文中频繁出现）在索尼音乐公司（Sony Music）有着非常成功的职业生涯。他是一个犹太人，是位出生于布鲁克林的纽约客，他永远不会忘记这就是他的出身。他并非正统的犹太人，但是却对赎罪日的核心仪式抱以一种传统而又强烈的现代感的尊敬。他说："对那些本可以做得更好的事进行反省是个好习惯，这会让人们的生活变得更好。这是一项完全融入现代背景下的宗教传统。"他的办公桌上摆满了代表自己出身的布鲁克林道奇队（Brooklyn Dodgers）的物品（他给自己的宠物狗也起名为道奇）。他给我们看了一张照片，上面是他祖父母开在布鲁克林的一家面包店。

　　他的起源感甚至更深。当讨论从东欧到英国的新移民模式时，他尖锐地提醒我们，他自己身上的东欧血统以及人类移民的原因。正如查尔斯·赖特·米尔斯（Charles Wright Mills）曾明确提出，在历史和传记的交叉点上会发生一些特别的事情。[1]

　　澳亚地区最大的啤酒公司之一狮王集团（Lion Nathan）的首席执行官罗伯·默里（Rob Murray）是一位相当有成就的高管，

---

[1] 查尔斯·赖特·米尔斯，《社会学想象力》（*The Sociological Imagination*），牛津：牛津大学出版社，1990年。

同时也是位大权在握的领导者。他的教育成就帮他顺利进入剑桥大学，他的事业使他得以周游世界。但他从未脱离过自己的英国工人阶级根基。他说话的方式仍然直截了当，他最喜欢的足球队仍然是沃尔索尔（Walsall），这是一支来自中部工业中心小镇的毫不起眼的球队。即便身处世界的另一端，他依然坚持在整个赛季的每个周末追踪球队成绩。和里克·多比斯一样，他也是位领导者，尽管在商业上取得了巨大成就，但他从不会因为自己的出身而感到不安。

不仅仅是那些身居高位的人会运用传记来作为指引。在芝加哥一家郊区银行的小办公室里，克莱尔正坐在那里——她在工作多年之后升职为后台主管。她办公室墙上挂满了她家人的照片，还有她曾作为前途无量的游泳运动员的纪念。她用这些生命中的偶像来向她的员工解释她是谁，她代表的是什么。

地点与人物

然而，不管文化差异有多么复杂，我们始终对高效的领导者能够清晰地表达出他们来自哪里和他们是谁之间关系的方式感到震惊。许多观察到的例子都证明了这一点。联合利华（Unilever）前任联席董事长尼尔·菲茨杰拉德（Niall FitzGerald）经常以独到的见解谈起自己的爱尔兰血统，以及母亲对他的道德观与政治世界观的影响。他的联席董事长同事安东尼·伯格曼斯（Anthony Bergmans）在被提升为联席董事长之后，也仍然固执地保留着自己荷兰农场主的身份。这体现在他的穿着，甚至是他走路的方式上。尽管伯格曼斯不像菲茨杰拉德那样公开自己的出身，但很明显对他来说，他的出身是一件值得骄傲的事。

全球专业服务公司普华永道（PricewaterhouseCoopers）英国业务恢复服务部门负责人伊恩·鲍威尔（Ian Powell）也同样清楚自己的社会出身如何造就了现在的自己。他来自英国的前工业中心：黑乡（the Black Country，英格兰密集工业区）。这让他带有明显的西米德兰兹郡口音，这种口音在英国大公司的董事会里并不常见。他的家庭出身是受人尊敬的工人阶级，他的父亲放弃成为一名教师的机会并最终成了一名工厂经理。他解释说，这似乎是一种更有趣，甚至更值得尊敬的生活方式。他的家人都是卫理公会教徒，这也影响了他的道德立场。当你对鲍威尔如今的领导地位进行研究，就会看到这些复杂的因素以一种巧妙的方式进行重新排列：改正口音、谦逊、率真、轻松接受流行文化——体育、摇滚音乐。他了解这些，也愿意展示给自己的追随者们。

与此形成鲜明对比的是，英国电信集团（BT）董事长、BBC前董事长克里斯托弗·布兰德爵士（Sir Christopher Bland）同样不为自己的身份感到羞耻：他是位贵族，是"喜欢掌管一切"的保守党派中的北爱尔兰人。并非所有人都喜欢他的出身，但至少他清楚自己从何而来——言语中会带有社会阶层标记并夹杂着一些拉丁语，这准确地表达了他是谁。无论你喜欢与否，不管它是什么，它都必须是真实的。

其他例子更为复杂。我们见面时，帕蒂·卡扎托（Patti Cazzato）是零售巨头 Gap 的一名高管，她来自堪萨斯州的农村。在工作中，她必须同那些老练的纽约城市设计师打交道。帕蒂告诉我们，当她开始开展工作关系时，面对他们令她感到胆怯——仿佛她的衣服上还沾着堪萨斯的尘土。她在新同事中感到局促不安。她花了一段时间重新发现自己，把真实的自己带回她的领导岗位上：在新的情境中做自己。

因此，乐于接受自己的出身是人们将自我意识与表达能力结合起来的一个方面。但这并非唯一的原因。个体在生活中会经历各种流动——社会与地理上的流动，组织机构内部与组织机构之间的流动，上下级之间以及跨越层级的流动。这种流动性的体验会破坏一个人的自我意识。

例如在美国，一些社会评论家将高度的社会流动性同没有归属感和疏离人群的社会症状联系在一起。这一点在大卫·理斯曼（David Riesman）的经典研究著作《孤独的人群》（*The Lonely Crowd*）中被深刻地体现出来。他们将自己带到新的情境之中。他们当然会对此适应，但同时他们也会在新的环境中保持自己的本真性。（这一点将在第五章中进一步讨论。）

自我成长

如果对出身感到舒适以及对流动性感到轻松能有助于提高

真实性，那么怀揣抱负的领导者如何才能提高这些能力呢？以下是我们从采访资料中提取的一些实用建议。这些方法并非适用于所有人，试着找出对你有所帮助的方法。但是如果你无法对自己的工作有一个清晰的认识，你的领导能力也会受到限制。

·**寻找新的经历和新的情境**。这可能涉及一些变化，小到试图在职责之外发挥领导作用，大到去尝试在完全不同的情境中发挥领导作用。我们采访了一位个性强硬的首席财务官，他利用一个月的假期时间到一家戒毒康复中心工作。他说，这迫使他重新审视自己的领导行为，并与自己的基本价值观重新建立联结。这里的一个关键点是，他作为首席财务官的等级地位在新环境下毫无意义。这里只有他本人和那些他试图领导和帮助的人。

由此我们可以得出结论，要发展自我认知，你就该摆脱舒适区和日常习惯。自我认识的发展需要积极实验。日常习惯，就其本身而言，便抑制了这种实验驱动。

·**得到诚实的反馈**。高效领导者寻求直接反馈的来源。通过认真收集职场反馈（包括 360 度反馈），我们取得了不错的成果。而教练们则提供了外部视角。不过也许最好的反馈来自坦率的同事们以及那些最了解我们的人——我们的家人与朋友。

·**探索传记**。我们采访和观察过的许多领导者都对造就他们的环境有着深刻且细致入微的了解。为了对这些进行探索，他们经常与有着相同经历的人进行交谈。自我认识来自你是否接受那些会造就我们的事件。

·**追根寻源**。帕蒂·卡扎托在回得克萨斯州的旅行中增强了自我意识。西蒙·古利福德每年都会和一群来自威尔士小镇庞蒂普里德（Pontypridd）的老朋友共同度过一个短暂的高尔夫假期。古利福德就是在那个小镇长大的。花点时间和了解你的人在一起，不要被公司权力所束缚。

·**找到第三场所**。美国作家雷·奥尔登伯格（Ray Oldenburg）提出了一个令人信服的论点，即在工作和家庭之后，我们都需要第三场所：一个我们可以建立联系、培养自我意识、摆脱工作和家庭角色义务的地方。对于美国喜剧《干杯》（*Cheers*）中虚构的角色来说，酒吧便是这样的第三场所。

了解自己、做自己、展示自己是高效领导的重要组成部分。在第三章中，我们将展示该如何基于这些认知开始承担领导风险。

>>> 第三章

甘冒个人风险

还记得那位校长——约翰·莱瑟姆吗？他从接任校长一职开始便谨慎低调，热衷于实用主义，对可能会影响员工或是在他们工作表现上形成阻碍的小事进行修正。这帮他与新同事们相处融洽，并赢得了他们的信任。[①]

没用多久，莱瑟姆的个人能量与热情便有所成效。学校很快被指定为"示范学校"，即公共教育应达到的典范。

但事实一贯如此，约翰·莱瑟姆那些优点的背后同样也存在着缺点。他很容易被自己的激情冲昏头脑进而陷入困境，例如，他在组织工作或进行时间安排上便会遇到问题。他的秘书对于手机这项发明应该感到十分庆幸，她说服他买了一部手机，随后让他一直保持开机状态，自此她终于能够寻觅到他的踪迹了。而在此之前，他可能身处校园的任何地方，根本无迹可寻。他对于日程安排甚少关注，这就导致了当有访客到来时，莱瑟姆很可能正在外面某处捡拾垃圾或是在同某个并未当值的老师

---

① 除另作说明，本章引用的内容来自以下采访：罗布·戈菲于 2003 年 4 月在韦威对彼得·包必达所做访问；罗布·戈菲于 2002 年 12 月在巴塞罗那对比尔·伯恩斯所做访问；加雷思·琼斯与罗布·戈菲于 2002 年 11 月在伦敦对格雷格·戴克所做访问；罗布·戈菲于 2002 年 9 月在伦敦商学院对皮特·戈斯所做访问；罗布·戈菲与加雷思·琼斯于 2000 年 2 月在纽约对波拉娜·曼库索所做访问；加雷思·琼斯于 2003 年 3 月在伦敦对保罗·麦克德莫特所做访问。

随意闲聊。尽管他的秘书对此很恼火，而更多的却也是饱含深深敬意的无奈而已。正是这种恰到好处的优劣共存使他在人们眼中是个真实的人，更是一位真诚可信的领导者。

莱瑟姆看上去并不是位极富魅力的领导。他身形瘦小，脸上还有一大块胎记。但只要他一开口，人们便会沉浸其中。作为一位牧师的儿子，他也是位杰出的演说家，有着与生俱来的天赋以及孩提时代便耳濡目染的技能。他热心帮助身边人，让他们能发挥出个人全部潜力。他坚信，每个人都有可待发掘的优良品质。而正是他的真实让家长们很快相信，他的学校是能让孩子们茁壮成长的地方。

他将自己的活力传递给学校的教职员工们，并且会利用示范学校的地位以及由此带来的额外资源使学校在各方面不断地得到提升。举例来说，他会吸引那些才华横溢的教师人才，或为学校赢取科技学校称号并借此获得额外资金来更换电脑设备。他的教职员工们常常会认为他有些走火入魔了，他总是目标远大，不过他们也承认他总是会携荣誉而归，或者至少也会带来净利润。

第二，莱瑟姆的员工们一致对他的能力表示赞许，莱瑟姆会发掘出他们的个人才能，会对他们所做出的贡献加以鼓励，还会在他们遇到困难时鼓舞士气。所有人都对他的个人手记、生日感谢卡以及总是会适时给予他们支持这份体贴印象深刻。一位年轻教师仍然对自己曾在工作中经历过的极其困难的一天记忆犹新。因为转天莱瑟姆交给她一张字条，上面写着一行鼓励的话："我觉得你很了不起。"校长注意到她的情况，并马上对她加以鼓励。时机掌握得恰到好处。

在领导的过程中给予足够的关注

真正的领导者会切实关心他们的事业。莱瑟姆对于学校各项事务无论大小都满怀热情。他经常在校园内随意漫步，手里拎着一只垃圾桶，另一只手里则拿着一根头上带有钉子的木棍随时捡拾垃圾。一些孩子会对这样的行为加以取笑，你可能也会认为校长将宝贵的工作时间花费在这种小事上或许有些本末倒置。不过他却成功地将自己的理念传达了出去。即约翰·莱瑟姆是由衷地关心学校，而他也的确准备好要用实际行动来践行自己的誓言。

同我们所观察到的其他领导者一样，莱瑟姆也有意让自己看上去并不完美。这需要他在展露优点的同时也将自己的缺点示于人前，他要让追随者们看到自己人性弱点的一面——承认自己并不完美。[①]

莱瑟姆也承认与自己共事一定令人感到"精疲力竭"。他已经在努力调整，让自己脑海中"层出不穷"的新想法与举措一点点放慢脚步，现在他会在决策做出之前先给自己 24 小时的

---

① Foible 一词在《简明牛津词典》中的定义为一个小缺点或癖好。与致命缺陷完全不同。

"冷静"期。他还明确地向自己最信任的职员们表示，由他们负责来给自己满满的激情降温。这些同事要在对细节进行详细了解的同时，密切留意相关数据。总的来讲，他们要尽可能地避免使校长的这一弱点对学校产生负面影响。但这种调整所产生的作用终究是有限的。

现在当有"重要访客"等待时，莱瑟姆是否依然正在校园内捡拾垃圾或是和孩子们聊天呢？是的 。他是否意识到有些孩子会因为他这样的举动而取笑他？答案是肯定的。那他会不会因此而改变呢？这不太可能。如同其他的优秀领导者一样，约翰·莱瑟姆对于哪些"缺点"是在"展示真实的自己"已经做出成熟的决定。他意识到这些小缺点实际上为自己加了分——同时意识到自己身上也同其他人一样或多或少有着其他缺点。

展示你的弱点

领导者展示自己时总是会伴随着风险，而这些风险却因人而异。但想想看，你想扮演一位高效的领导者却又不愿承担一点点风险，这无异于是异想天开，而且这种想法很危险。

正如约翰·莱瑟姆所做出的示范，展示出自己的缺点——而且就他个人来讲，可称得上是在一定程度上展露出了自己的怪癖——是真诚的领导者在满怀激情地追求整体目标的过程中产生出的具有代表性的副产品。因为他们真正在意的是组织机构的整体目标，他们将自己展示出来：展示出他们所关注的是什么，他们对此表示关注的原因，以及他们如何相信组织机构能够实现既定目标。但也存在一种超然因素，可以使真诚的领导者对自己的效率进行监控并调整。起初，正如我们在上一章中所讨论的积极的个人差异，我们怀疑弱点的显露同样是无法察觉的。不过一旦领导者开始意识到表现出易犯错误所带来的影响，他们的自我意识便会增强，而且随之而来的，他们可以选择改变自己的行为，哪怕只是一点点。

领导者因激情而导致缺点暴露的另一个例子是安妮塔·罗迪克（Anita Roddick）——美体小铺公司（The Body Shop）的创始人。她非常关心环境，关心第三世界，为客户们提供了一系列有效产品，其中许多产品都是基于传统智慧。她深刻的承诺有时会让她显得固执、急躁又十分好斗，可这些特质却强化了追随者们对她的信任，相信她是认真的。潜在的缺点转化成为一种优势。

领导力与个人风险之间存在这种必然联系的原因很复杂。首先要理解一点，即领导力是具有目的性的。某些超越期望的最终状态能激发出领导者所蕴含的能量，而领导者又将这种能量传递给自己的追随者们。高效领导者对于这个目标十分在意。而这种在意足以令他们展露出本真的自我。

动词"care"在此处具有重要意义。在英语中，care 是个语气轻柔的词，不过我们都很清楚，"在意"的过程中有时需要经历痛苦，真正做到"在意"会是我们所做过的最为困难的事。当我们将自己所在意的展示于人前，我们就会变得脆弱。而正是这种脆弱性会带来个人风险。具备做此事的能力意味着领导者已经准备好要用自己的激情去提升他人的表现，去挑战既定的组织教条。尽管，结果依然无法确定。

我们将这种在意行为标注为"强势同理心"。这意味着领导者从不会忘记自己的初衷。他们给人以所需，而非所欲。他们时刻牢记任务、牢记目标，同样也时刻牢记着自己的追随者们。①

当一些经理在结束了最新的人际关系技巧培训项目回来后，他们所表现出的强势同理心已经远远超出了出于礼貌而对团队表示关心的范围。真正在意的后果应当同个人尊重、手头正在进行的任务，以及大家所共有的更高级目标等因素之间达到平衡。这一点证实了，领导者所做的并不仅仅是在扮演一个角色而已：他或她是要履行这项工作的义务。

咱们再来看看另外一个例子。阿兰·利维（Alain Levy）曾是宝丽金唱片公司（PolyGram Music）的 CEO，如今则是百代音乐公司（EMI Music）的老板。当阿兰最初以法国业务负责人的身份进入宝丽金公司的时候，他给人留下的印象是相当冷漠却很有才智。他最擅长的是与数字打交道，这些数字会以一种微妙语调同他进行交流，而这对于大多数经理来说都是闻所未闻的。他的下级们很快便散布消息说，如果他们在无法熟知每一

---

① 从这个意义上说，领导力总是有帮助的；这是一种旨在实现某些目标的关系。这将它与其他可能被认为本质上是好的或可取的类型的关系区分开来，例如友情或亲情。在当代的讨论中，这种区别有时会被遗忘。

个相关数字的情况下便去见利维的话，他们就要有大麻烦了。虽然利维的做法在小群体中能收到很好的效果，可惜当他面临更大受众群体时表现得却很不自在。他为人直率，又和蔼可亲，他一反传统地厌恶等级制度，这一点立即吸引了那些具有创造力的人。他经常通过展示这些特点以及他在美国哥伦比亚广播公司（CBS）任职时所学到的一些音乐专长来缓和批评者们对自己的敌意。

有一次，他想帮助一群年轻高管从一张专辑中选择首发单曲。在音乐行业中，这是一项至关重要的任务，因为一首曲子可能决定着整张唱片的成功或失败。这通常是个吵闹的工作，整个过程中会有很多激烈争论。这次的会议自然也不会例外。没过多久，利维的大嗓门便镇压了周围的一片喧闹之声。"你们这些该死的蠢货！你们根本就不知道自己到底在说些什么。我们每张唱片的第一首不都是舞曲嘛！"这个故事在 24 小时之内便传遍了公司的各个角落，这也因而成了利维前所未有的内部宣传良机。有传言说他是个行事果决之人，是一位十分精通自己行业的脚踏实地的领导者。"利维真的很懂得如何选择单曲"，人们这样评价他。他表现出自己对这个行业的真实感受，足以展露他自己强烈的情感。

如今在百代唱片公司，同阿兰·利维一起共事的人仍然很欣赏他并以他的力量作为依靠，同样地，他们能接受他的缺点。事实上，我们甚至可以说这些同事是被他不达目的不罢休的猛烈攻势所吸引。这便是工作中的强势同理心。如同约翰·莱瑟姆一样，阿兰·利维并非麻木不仁之人。他明白自己有时的直言不讳以及情绪化的行事风格会带来影响，但他也很清楚，在展示自己是谁的时候无可避免地会同时出现棱角分明以及圆滑融通的不同侧面，同时也还会展现自己性格中的光明与黑暗之处。

受难记

关于强势同理心的另一个例子是伦敦大学帝国理工学院院长理查德·赛克斯爵士（Sir Richard Sykes）。赛克斯是位任职于葛兰素·威康公司［Glaxo Wellcome，英国制药公司，后改名为葛兰素史克公司（GlaxoSmithKline）］的科学家，他在担任董事会主席的这几年中获得了极大成功。赛克斯素来以富有激情和精力充沛而著称，同样出名的还有他那一触即发的坏脾气和极其敏感的性格。在领导葛兰素公司的研发部门时，他给公司的高级科学家做了年终回顾，其中一位作者也出席了会议。会议结束之后，一名研究人员就公司推出的一种新型化合物向他提问，并由此引发了两人之间短暂却火药味十足的辩论。在同其他人又进行了将近 20 分钟的问答之后，这位研究人员又再次提到了之前的话题。"赛克斯博士，"他说，"你还是没弄懂这种新化合物的结构。"赛克斯脸上的愤怒已经十分明显，他大步走到房间后面，当着整个公司所有研究专家的面，大声喊着："好啊，小伙子，你倒是来给我们讲讲！"于是两个人当场就立即解决了他们在该问题上存在的分歧。

在某些人看来，这种公开发脾气的做法是一种并不恰当的缺陷。不过当然，这也有力地传达了他对于基础科学讨论的坚定信念，即组织机构的核心价值同时也是他的个人价值。赛克斯对此真的很在意，而且是十分在意，他时刻准备爆发的怒火恰恰说明了这一点。他的一位追随者对我们讲述的一个小插曲则进一步证明了这一点。赛克斯博士同样是向一群高智商的科学家展示了一段 DNA 序列。他指出，这一部分序列被认为是一种严重疾病的形成原因——他简单而直接地宣布称找到了治愈方法。房间内的一些人当即落泪。尽管赛克斯的脾气暴躁，但他的追随者们却从不会怀疑他对实现公司首要目标而做出的绝对性承诺。

为什么领导力意味着风险

应将哪些弱点展露人前以及如何展露，这两点能体现出一位领导者所具备的真实技能——这是我们将在后文探讨的问题。但现在我们先将关注点放在展示弱点的原因上，以及是什么驱使着人们去甘冒这些个人风险。

几年之前，阿利斯泰尔·曼特（Alistair Mant）借鉴了原先由詹姆斯·麦格雷戈·伯恩斯（James McGregor Burns）对交易型领导以及变革型领导之间区别的定义方式，他将两种思维模式进行对比：二元思维模式与三元思维模式。在第一种情况下，为了个人生存，个体会受到驱使而对他人进行控制、支配或是引诱。在第二种情况下，人际关系能力会在某种程度上受到第三角落的制约——一种能对生活进行定义的理念、目的或制度。"他们的本能不是去问'我能赢吗？'，而是要问：'它能有什么作用？'"曼特解释道。"这些人能成为优秀的领导者，正是因为他们不会被生存的威胁所困扰。身处'第三角落'的有利位置或避风港，他们可以冒着个人风险去追求更高的目标并对自己进行观察，如同站在某个高处，观察他们自己在人际交往中的表现。简而言之，他们能看清事物本质，这意味着他们能够同时在两个抽象层次上进行思考。"[1]

曼特的观察反映了我们的经验。伟大的领导者会被一种不屈不挠的目标感所驱使——正是这种动力驱使着他们去甘冒个人风险。恰如帆船运动员皮特·戈斯所说的："你去那里是为了实现一个目标。不是船载着你去环游世界，而是由你乘船去环游世界。这是个管理上的问题。"

从某种程度上说，这一结果产生了一个奇怪的悖论。当他们表现出对于某件事的由衷关心时，领导者会不可避免地透露出一些真实的自我。其他人会看到，他们并不仅仅是在扮演一个角色或仅仅履行工作中的最低义务。这种本真性的展示是领导力的必要前提。然而，与此同时，领导者必须对他们的个人

---

① 阿利斯泰尔·曼特，《我们值得拥有的领导者》(*Leaders We Deserve*)，牛津：布莱克威尔出版社，1983年。

表现、他们的行为会对其他人所产生的影响，以及他们的更高目标是否已经有所进展这些问题保持清醒认识。如前所述，这需要一定的超然感或是角色距离感——用曼特的话说，就是要具有一种看清事物本质的能力。

约翰·莱瑟姆、阿兰·利维、理查德·赛克斯、皮特·戈斯——这些领导者从未忘记过他们出现在那里的初衷。他们出现在那里是为了给人们所需要的，而非他们所想要的。他们传达出了一种强势同理心，并将此同他们对个人、手头任务以及最终要实现的更高目标的尊重达到平衡。

这是一种很难达到平衡的行为——而领导者要付出的个人成本往往会高于被领导者。"有些领导力理论把关怀描述成一件毫不费力的事。但事实并非如此。"时任卡尔文·克莱恩（Calvin Klein）化妆品公司的总裁兼首席执行官波拉娜·曼库索（Paulanne Mancuso）告诉我们："你必须做些违心的事，这其实很难。"或者正如雀巢公司的彼得·包必达所吐露的："在人际关系中，你必须做到在情感上诚实——你时刻处在危险边缘。你不能担心这个人可能会对你的生活造成影响。有观点认为，与个人相比，你想要达到的目标更重要。不是你想要如此，而是有些情况需要你如此。"

尊重

在一系列具有挑战性的环境中，领导者将自己置于危险边缘，甘冒个人风险。他们敢于冒险并赢得尊重。我们遇到的其中一位领导者是保罗·麦克德莫特（Paul McDermott），他是美国老旧城区内一片公共住宅区的经理，而这片住宅区因混乱不堪而十分出名。在20世纪80年代，这片社区见证了各起悲惨又残忍的谋杀以及旷日持久的骚乱。如今，在坚持不懈地付出了巨大努力之后，已经改头换面的社区吸引了来自世界各地的代表团。保罗，这位坚忍不拔而又能言善辩的爱尔兰裔美国人，一直处于这些变化的中心。为了对社区产生影响，他以自己为核心打造出一支由优秀人才组成的强大团队，这些人本身就是领导者。正如他所说的，要做到这一点需要始终做到待人诚实。他认为诚实是发展相互尊重关系的基础。尊重一词是他最喜欢提及的，而他之所以能赢得尊重，是因为他将自己置于危险边缘——他始终不渝地致力于改善租户们的生活以及社区条件。他坚定地认为，想赢得尊重并不能依靠某次事件，这是个永无止境的过程。

保罗为自己赢得尊重的例子有很多。一开始，他便下定决心将社区办公室从更安全的外围地带搬到社区中心位置。为了做到这一点，毫不夸张地说，他不得不将毒品贩子们赶出去，当然，这些人的反应自然不会太友好。更重要的是，当面对威胁时，他坚持认为自己和自己的团队要站在事件的中心："我们要让每个人都知道我们是认真的。"保罗非常关心自己社区内的租户们，我们曾多次向他提出职业建议，认为现在已经是他该离开的时候了，不过都被他固执地无视了。他说，自己是在世界上最令人兴奋的地方工作，那里既有他深切关心的人，也有尊敬他的人。他甚至觉得乐在其中。未来的路可能会很难，但他是真心在乎自己的社区。

另一位先锋派领袖是格雷格·戴克。当他接管 BBC 时，他的商业竞争对手们在节目上的花费远远超过 BBC 在节目上的投入。戴克知道，为了在竞争激烈的数字世界中生存，BBC 需要增加节目制作方面的支出。他直接公开向他的工作人员说明了这一点，在争取到他们的支持后，他开始对整个组织机构进行改组。尽管有些员工丢了工作，但他仍能维持人们对他的信任。"一旦有人和你站在一起，"他说，"你便有勇气做出那些迫不得已的艰难决定。"[①]

戴克的确激励了员工，鼓舞了他们的士气，并让创新性节目的制作重新成了 BBC 的核心，但他也因此而树敌。其中有些对手实力强大，有些对手就站在暗处，等待着能看到他犯错。当戴克一旦行差踏错，他便暴露在外成为众矢之的——他们突然发起攻势。戴克失业了。本真领导力是一场危险的游戏。任何人都不该掉以轻心。

---

① 这个故事在格雷格·戴克所著书籍《内幕》（*Inside Story*），伦敦：哈珀柯林斯出版社，2004 年中被提及。

展示的艺术

一些愤世嫉俗的人可能会说，我们所引用作为例证的许多人已经位高权重，因此他们有能力表达自己的观点，而不必担心遭到报复。比如说，格雷格·戴克本身就很富有，他完全可以做他自己。而现实情况是，这些领导者中的大多数在职业生涯的早期便已经形成了这种承诺，而并非等到爬上权力顶端，才将一切真实自我全部释放出来。想想看：你是否能做到，在职业生涯的大部分时间里压抑自我表达和个人价值观，然后突然地就敞开心扉？这种行为技巧似乎不太可行。当个体在等待表达真实自我的期间，他们往往会发现，当他们到达自己渴望的位置时，他们却已经失去了自我意识以及自我表露的能力。

基本来说，许多人出于自身的防御心理而不敢冒险。这里需要做一些解释。心理学家们认为，尽管我们每个人在日常生活中扮演着不同的角色——父亲、母亲、儿子、女儿、丈夫、经理、网球俱乐部成员、社区居委会主席等——但在这些身份之下存在一个基本的自我概念将这些不同的表现结合在一起，这一观点很令人信服。[①] 这是我们自己对于"我们是谁"这一问题的想法。其中一些人会将自我公开展露出来，例如某人介绍自己为"运动型"或是"富有创造性"的人。偶尔公开与他人

---

① 查尔斯·泰勒，《自我的根源》（*Sources of the Self*），波士顿：哈佛大学出版社，1989 年。

分享一种感觉，这就是一种真诚的尝试。

　　但自我概念大多是私密的——只有在与亲近的朋友或家人相处的亲密时刻才会分享，有时甚至根本不会去分享。由于我们的自我概念都是有价值的，所以我们会极力捍卫它。那些看起来对自我价值过分靠近或是试图采取攻击行为的人都会遇到各种各样的防御机制。例如，当你向某些人指出，你觉得他们做事毫无章法还开会迟到，你面对的可能会是他们愤怒的拒绝，迅速地"表示同意"，甚至还有可能被他们当作笑话一笑置之。这三个反应都可以被解释为防御性反应，实际上，这是一种拒绝信息的信号。你可能已经注意到，在你认为自己的信息已经被传递很久之后，"错误"的行为经常还会一直持续很长时间。最常见的情况是，你的信息遇到了防御屏障并被弹开了——因此它并未被真正接收到。

　　我们在不同程度上都会表现出防御行为。我们会对向他人展示自己或接受他人反馈的程度进行限制。当然，领导者也具有防御机制。领导者的出色正是因为他们不加选择地"展示一切"，这并不是我们要表达的论点。更确切地说，是这些领导者的表现足以让其他人看到一个真实存在的人的轮廓，他们所具备的一些品质可能会对周围人们产生吸引力或是让人们感到兴奋。换句话说，这些领导者的展示足够巧妙。还有很多人根本就没能成功地迈出第一步，或者他们所展示的还不够。原因有以下几点：

首先，大多数组织机构的高层人物中性格内向的人居多。[①]
如果你像内向的人一样不太愿意积极与他人交流，那么你向他
人展示自己的机会和精力就会变少。不幸的是，大多数关于领
导力与管理秘籍之类的书籍似乎都忽视了这一点。这些书籍的
作者认为我们都是外向性格的人。对于外向的人来说，走动式
管理，即众所周知的 MBWA，似乎是再寻常不过的管理方式，
但对于内向的人来说，这却是一个重大（而且相当具有挑战性）
的启示。多年来，我们一直在与企业高管们打交道，当他们收
到来自 360 度（同事、老板和下属）调查问卷的反馈，发现同
事们似乎并不能确定他们是谁或他们的立场时，他们对此感到
很惊讶。

其次，知识经济造就了越来越多的技术或知识专家，其中
很少有人具备领导力所需的人际关系属性。事实上，根据我们
的经验，这种缺乏领导能力的感觉在知识密集型企业中最为明
显。为什么会这样呢？我们认为，这在很大程度上是因为这些
人既不会关注与同事们之间的关系，也不关注他们的共同任务，
而是将关注点放在他们的专业领域，不管他们是何种职位。

例如，我们曾对啤酒公司进行研究发现，有些人会痴迷于
泡沫稳定性。在食品公司，我们见过脂肪酸专家。而在制药行

---

① 约翰·W. 亨特，《职场人士管理》（*Managing People at Work*），伦敦：
麦格劳－希尔集团，1992 年；以及约翰·W. 亨特，《作为榜样的领导者》（*The
Leader as Exemplar*），《商业战略评论》，1997 年。参见约翰·维尼在《驱动力》（*Drive*），
伦敦：布鲁姆斯伯里出版公司，1999 年一书中有关领导力、内向性和距离的讨论。

业，有些人的主要生活趣味居然是在呕吐中心。投资银行中也有金融衍生品专家。这些技术人员似乎很少愿意离开自己的专业舒适区去处理领导他人的棘手问题。他们为什么要去？许多人的职业生涯就是围绕着他们的专业技能展开的，他们的才华能得到丰厚回报，他们享受着这种高度谨慎并具有挑战性的工作。他们希望被了解的范围是他们的专业知识，而并非他们的个人差异或人格特质。在他们的世界里，最专业的人才是赢家。许多人甚至会辩称，如果你足够专业，你就不需要被谁领导。

最后，还有另一部分人——主要是中层管理人员和从业人员——他们因过去二十年来所发生的组织机构变革而受到打压。机构扁平化、精简缩编、企业重组等各项变化都会使他们遭受冲击。随着组织机构的重组，这一部分人大多会被要求更加努力工作并且延长工作时间，他们的工作表现会受到更严格的监控与测评，而他们的职业结构（就如同他们本身一样）濒临崩溃。[1]

这种（通常是单方面的）对精神契约的重新谈判所产生的并非权力，而是一种愤世嫉俗、遭到背叛和不被信任的感觉。在这种环境下，个人很难表现出高效领导者需要具备的承诺与个人冒险精神。相反，由于关乎个人生存问题，个人因此可能还会减少他们在工作上的投入，而将真正的精力放在私人生活中以便照顾自己。他们本就不情愿成为管理者，因此在工作压

---

① 关于改变职业结构的有趣见解可在莫里·佩珀尔等所著《职业前沿》（*Career Frontiers*），牛津：牛津大学出版社，2000 年一书中找到。

力越来越大的情况下，他们将真实的自我保留给了家庭、闲暇时光以及个人追求等方面。[①] 他们对于工作中的领导力没有半分期待。

我们故意描绘了一幅暗淡的画面。并非所有的组织机构或工作场所都由内向的高管、专业技术人员、疏远的中层管理人员或愤世嫉俗的员工主导。一些组织机构在人员管理实践方面的表现十分优秀，它们努力赋予员工权利并发展员工们的领导能力。尽管这些机构有时会作为范例出现在商业媒体中，不过我们也注意到商业报道中依然忽视了人员实践的重要性，这让人多少有些沮丧。但是，有鉴于这些著名案例，我们怀疑在其他的许多案例中，个体可能会越来越难遵守我们的准则：甘冒个人风险，暴露你的弱点。

这种承担个人风险的能力并不局限于那些身处高位或是接近高位的人士。在真正高效的组织机构中，很多地方都有领导者。在对本书进行研究的过程中，我们采访并观察了护士、教师以及初级政府官员，他们之中的许多人都愿意每天冒一点风险：通过巧妙地展示自己的弱点，而让这些弱点为他们服务。

---

① 这种现象并不新鲜；最初我们是在 20 世纪 80 年代中期对中层管理人员的调查中发现这一点的。参见理查德·斯凯思与罗伯特·戈费《难缠的管理者：他们的工作与生活方式》（*Reluctant Managers: Their Work and Lifestyles*），伦敦：昂温－海曼出版社，1989 年。

目标明确的领导者

那我们能做些什么呢？答案从你开始。除非你清楚地知道自己的目标和价值观，并且正在做的是自己真正关心的事情，否则你很难扮演好领导者的角色。你会缺乏毅力与韧性，而你需要这两者来帮助你勇敢面对无法避免的不确定因素以及挫折。在任何传统意义上来说，你都很难想象该如何教授目标感或是个人价值观，尽管我们确信通过有技巧地教授、指导以及建立信心的经历，个人可以更好地认识到自己是谁以及自己想要什么。然而，我们仍然固执地相信，有意义的工作无论是对个人健康还是社会凝聚力都很重要。

斯特兹·特克尔（Studs Terkel）在其著作《工作》（Working）中有一段令人难忘的表述："工作不仅关乎日常的面包，也关乎日常的意义。既是为了获得认可，也是为了挣钱。总之，工作应当是为了某种生活，而不是周一到周五的麻木不仁……我们有权要求工作中应涵盖意义、认可、惊奇与生存。"[1]

这种使命感与关注是否足以令个人展露弱点，是否足以让个人成为优秀的领导者？并非如此，但它们却是重要基础。下一步要更全面地考虑领导力的关系方面，正如我们之前所建议的那样，领导者要巧妙地充分展示。

---

[1] 斯特兹·特克尔，《工作》（Working），伦敦：Wildwood House 出版社，1975 年。

这在实践中意味着什么？ 首先，这并不意味着领导者会展示出他们所有的个人弱点。这不仅不切实际（我们不可能知道自己的全部缺点），而且要求有些过分。毕竟，当你了解了另一个人的所有缺点，这很可能会破坏而不是增强他的领导可信度。毕竟，弱点会掩盖优势。①

因此，优秀领导者会关注不满。如同个人差异一样，它们也会转化为领导力优势，因此他们所展示出的弱点是真实、可感知的。但除此之外，这些弱点并非致命缺陷，他们会展示别人如何帮助他们。而最重要的是，他们是在确认人性。让我们依次看看这些品质。

首先，真诚的领导者会强调的一点是，不要假借捏造虚假的弱点来分散人们对于真实弱点的注意力。这种缺乏真实性的弱点会很快被他人识破。如果你曾经面试过某人，让他们汇报自己的缺点，然后听到他们虔诚的回答，"我有点太有野心了"或者"我对别人期望太高了"，那么你将目睹这种注定会失败的尝试，因为他们将（又一个）优势作为所谓的弱点。

个体即便试图以一种虚假的替代方案来掩盖其潜在的弱点，也根本无济于事。你想一想，假如有人心不在焉地掩盖自己前后矛盾的说辞或谎言时，你会作何反应。

因此，要让弱点"起作用"，那它们必须是真实的。但如

---

① 不同文化允许在不丢面子的情况下暴露个人弱点的程度，也会成为一个制约因素。举例来说，在亚洲文化中具有重要意义的脸面在这里也很重要。但在我们看来，这并不能排除领导者暴露人性弱点的可能性。

果一个真实的弱点恰恰是执行任务的关键，那么这很可能成为致命的缺陷。如果会计部门新主管对外宣称自己从未真正了解现金流量贴现，那么她不太可能获得多少信任。如果皮特·戈斯表示自己并不擅长航海，那他就很难为自己的帆船队吸引到新成员加入。在这种情况下，我们必须对可能会展示领导力的环境多加留心，有些地方根本不适合我们这样做。

在极端情况下，一些致命缺陷很容易便会暴露出来，但在现实中，日常判断要精细得多。例如，对于一位人力资源总监来说，流言蜚语便可以被视为一个致命的缺陷，因为她的特权地位仰仗于保护好人们提供给她的信息。这有点自相矛盾，因为她必须交换信息才能让人们对她敞开心扉。解决办法是泄露恰当的内部信息——而不要泄露个人隐私（"苏茜永远也无法升职了"），但却可以预先暗示公司即将增添的某些福利。

知道何时暴露哪些弱点，这是一门需要经过高度磨炼的艺术，它与感知不同情况的需求能力密切相关——我们会在下一章详细讨论这一主题。举例来说，在纽卡斯尔联队、巴塞罗那队以及英格兰国家队担任教练期间，经验丰富的老将博比·罗布森爵士一直以容易混淆或完全忘记球员的名字而闻名。很少有领导者能够躲过这个潜在的致命性基础错误所带来的责难。但罗布森却能够巧妙地利用他对足球运动的热爱来掩饰自己这一缺点。他的球员们对他十分宽容——如同对待一位古怪的老教授那样，而罗布森也学会利用自己的健忘在球员更衣室内活跃气氛。

那么，这就是可以被领导者所利用的弱点，可以通过个人的缺点来确认他们的人性。这种有助于人性品质提升的机会，正是有抱负的领导者必须要学会容忍自己至少在某些方面存在的无能和个人弱点的最重要原因。事实上，弱点展示了一个人是真实存在的——而不仅仅是一个角色扮演者。例如，想想公众对约翰·费茨杰拉德·肯尼迪总统、穆罕默德·阿里以及戴安娜王妃经久不衰的爱戴。他们都以公开方式展示出了自己具有的人类弱点，而我们则予以谅解。所有这些都足以让我们看到，他们可能并不仅仅是另一名政客、运动员或皇室成员。他们的声誉基本都完好无损。

以肯尼迪总统为例。随意找出一组人来指出他的弱点。根据我们的经验，这些人无疑会说他是好色之徒。有些人是怀揣嫉妒，有些人是道德谴责。事实上大家都认为，他是一个十分轻率的好色之徒。即便经历了几代人的时间，这种弱点的暴露依然有效地转移了人们对他身上可能存在的许多其他缺陷的注意。

暴露自己的弱点也可以向别人展示自己在哪些地方需要帮助。实际上，它可以使领导者与被领导者之间建立紧密联系。当领导者对助手表示"我的组织能力很糟糕"，他是在暗示自己需要帮助做日志。"我不具备技术知识"则是在向同事们表明他们的专业知识对团队很重要。

罗氏制药的比尔·伯恩斯承认，每当需要迅速做出决定时，自己就常常会拖延。"有时候，我太过于纠结细节，有些人说我太软弱，根本没有准备好做出艰难决策。"但伯恩斯却经常利用自己的拖延症来引导员工们更加主动和独立，"我在努力试着让别人来做出决定。"

与之类似，我们认识一位纽约杂志编辑，他愉快地承认自己是红绿色盲，并把所有关于颜色的问题都留给他的艺术工作人员们来做决定。他们被赋予更多权限，会为一些小细节而激烈争论，因为他们知道不能因为一个糟糕的选择而去责怪编辑。

令人感到有些矛盾的是，主动暴露缺点的行为中却存在着一种让人感觉良好的因素。领导者会感觉更好，这避免了因为被别人揭露缺点而感到措手不及和自我防御——毕竟是他们率先"坦白"了自己的缺点。（这也可以防止同事们发现他们潜在的更具破坏性的弱点！）而追随者们会感觉更好，因为他们得到了一些可以被正当公开抱怨的东西（而不必私下里恶毒地抱怨）。这是一堵建于组织机构内部的哭墙。

当我们与同事们讨论坦诚缺点的好处时，发现了这点个人可以迅速掌握领导优势的好处。但是，正如我们已经讨论过的，组织机构的压力会对它产生影响，管理开发过程似乎只注重追求完美和个人优势，而不是有技巧的领导力。

很显然，精英个体的表现，诸如在体育、艺术或科学领域内，可能会以试图让个人尽可能接近完美为中心。但这却鲜少能成为领导力的基础。证明你更优秀，甚至是最好的，适用于个人竞争环境，而并非合作环境。顶级商学院擅长培养咨询人员、顾问以及策略师所需的分析技能，但发展领导力的能力似乎仍待提高。

警告与麻烦

我们并不认为领导力主要是建立在个人弱点的基础上。这种想法太幼稚了。很显然，弱点最好在个体展示出自己的优点之后再显露出来，而且弱点在个体遇到危机时很难有所助益，因此通常在对外展露时需要谨慎小心。例如，格雷格·戴克在BBC工作时偶尔会勃然大怒。但之后，他总是会给那些倒霉的发泄对象致电道歉。但这显然不能成为日常行为，也不能经常发生。如果缺点展露得太过于频繁，缺点便成了这个人的典型特征，而不再是可被容忍的无意之举了。戴克是在有选择地最大限度地利用他的脾气。

我们也未声称某些弱点无法或不该被解决、缩小，甚至是消除。因为那将代表着个体的自鸣得意和最低限度的个人发展。

不过我们认为，个人风险与弱点的暴露必然会与强烈的使命感以及由衷的在意相伴而生。而高效领导者懂得如何以最好的方式来表现出自己的不足之处，他们也知道别人会对这些缺点加以议论。例如，当我们向约翰·莱瑟姆的同事们采访关于他的情况时，令人惊讶的是，他们对着录音机十分坦率地同陌生人谈论莱瑟姆的弱点——他们并无恶意，只是坦诚相告而已。因为他们知道莱瑟姆不会介意。

事实上，在大多数情况下，展示自己的弱点时应该更多地加以展示而不是空谈。领导者如果能将一个可以原谅的弱点以一次令人难忘的形式展示出来，这甚至可以成为他传奇的一部分，能够被追随者们反复讲述。

格雷格·戴克在为BBC领导团队准备的圣诞午餐会上便创造出了这样一个时刻。这是个由他创建的大约由80名BBC高管组成的团队，旨在解决他认为BBC中存在的管理过度或是领导不力等问题。午餐会是在一家剧院内举行，这家剧院是魔术圈的总部，那里有一位表演十分出色的专业魔术师。然后戴克表演了一个自己辛辛苦苦学来的把戏。他那像香肠一样粗的手指，很难称得上灵巧二字，因此表演效果很糟糕，这让他的员工们急得叫起来。而他从那以后再也不用展示出自己笨拙的样子了。时至今日，这个故事仍然令人们印象深刻。

格雷格·戴克是否是故意展示他的手不够灵巧这一弱点？当然不是。但我们怀疑格雷格知道，具备真实的人性会让他成为一个更好的领导者。当然，他也知道自己在做什么：娱乐大众。奇妙的情境感知，缺点展示（在这个案例中，他的缺点有趣、微小而又无伤大雅），以及与同事们产生共鸣和亲近的能力，他施展魔法将这几样巧妙地结合在一起。这是大师级表演，而不是什么魔法，但的确是领导力在展示它的神奇魔力。

在这一章的开始，我们认为真正在意领导力的领导者必然会展露出个人的优点与缺点。就在本书即将完成之时，早已退休多年的英国著名足球教练布莱恩·克拉夫（Brian Clough）过世了。他的杰出成就是曾带领两支并不受欢迎的英格兰球队——德比郡队和诺丁汉森林队——登顶成为英格兰联赛冠军。令人惊讶的是，在球员资质平平且资源有限的情况下，森林队居然连续两年赢得了竞争激烈的欧洲杯冠军。

很显然，作为一位领导者，克拉夫符合我们所说的基本标准。他能激励（普通）球员发挥出更高水平。他是如何做到的？也许并不奇怪，因为在人们献给克拉夫的悼词与讣告中都集中体现了他杰出的"球员管理"能力。人们描述他是"独特的"、"非凡的"、"特立独行的"和"具有超凡魅力的"。

球员们是如何感受到这些品质的？约翰·罗伯逊（John Robertson）便是这些球员的其中之一，"从一名体重超标的懒汉变成一位成熟的国际球员，"他说，"克拉夫从不错过任何机会。他给我的每一条建议都很中肯……让我怀有敬畏之心，这一点对我来说也很有帮助……三四年来，我都迫不及待地盼着周六训练日的到来。我想要为他而努力。"①

另一位球员马丁·奥尼尔（Martin O 'Neill），他曾在克拉夫的自传中被提及是"一位优秀球员,但却令人厌恶"，他说，"克拉夫总是以自我为中心，有时甚至欺凌弱小，常常令人难以忍受，但我却不愿错过被他管理的每一刻，因为他作为一名教练有着

---

① 西蒙·巴恩斯，《球坛悼念老大哥》（*Football Mourns Old Big Ead*），《泰晤士报》，伦敦：2004 年 9 月 21 日。

很不可思议的魔力。"①

播音员兼记者迈克尔·帕金森将克拉夫评价为："他喜欢说，'我很自以为是。无法被人摆布'。事实上，他两者都有。他既可爱又令人难以忍受，既聪明又愚蠢，既令人着迷又使人心生畏惧。他是个令人头疼的大麻烦。"②

布莱恩·克拉夫真的在乎吗？是的。对于赢球，他很在意。但他更在乎的是如何以正确的方式赢得比赛——他训练球员们熟练传球。如果球员们与裁判发生争吵，他们就会受到惩罚。他很在意纪律——对球员们的穿着及外表要求很高。他关心教育——坚持让年轻球员们完成大学学业。他关心社会公正——在 20 世纪 80 年代的煤矿工人罢工期间，他打开闸机，让罢工者们自由进入。

他的这些强烈激情展露了优点与缺点吗？是的。他是个"麻烦"。球员们都敬畏他，同时也爱戴他。正如许多人所观察到的，他是个混合体，他是部队里面的严苛中士但同时也是一位兄长。他也会流露出强烈的同情心。

克拉夫是在有意识地运用这些优势与缺点吗？是的。当他被授予大英帝国勋章时，他说这一定代表着"老大哥"。在获得诺丁汉市荣誉市民称号后，他谈起自己对流经这座城市的特

---

① 迈克尔·帕金森，《布莱恩·克拉夫》（*Brian Clough*），《星期日电讯报》，伦敦：2004 年 9 月 26 日。

② 迈克尔·帕金森，"他可爱又令人难以忍受，聪明又愚蠢。一个令人头疼的家伙，"《每日电讯报》，伦敦：2004 年 9 月 21 日。

伦特河的喜爱，并且表示："（它）很可爱。我了解它是因为我已经在上面来回经过了 18 年！" 当他被问及是否认为自己是有史以来最好的教练时，他回答说："我不一定是最好的，但我应该算得上数一数二。"

布莱恩·克拉夫是一个绝佳范例，他毫无保留地坦然展示着自己的全部。在此过程中，他甘冒风险，并为此付出了代价。他直言不讳的性格意味着他永远无法成为他梦寐以求的英格兰主教练。他（几乎已经无法掩饰）的酗酒问题最终打垮了他，并毁掉了他后期的职业生涯。但他作为一位伟大领袖的荣誉却依然完好无损。

事实上最优秀的领导者可以让他们的弱点为己所用——展示出他们的人性，让他们不仅仅作为优秀的角色扮演者。但他们必须有技巧地完成，而更重要的是，要符合情境。在下一章中，我们将研究领导者如何对所处情境进行解读，以及他们如何理解自己行为的真正局限性。我们还会研究，真正高效的领导者是如何了解并改变情境的。这就需要清楚什么是可以改变的，而什么是不能改变的。

第四章

了解并改变情境

领导力的运用是有情境的，并且一贯如此。这也因此削弱了领导力通用模式这一概念。高效的领导者明白，并没有通用的方法来为你的领导力影响提供保证。相反，他们会不断练习并打磨自己的情境去解读技能，并实事求是地对自己改变情境的能力进行评估。①

领导者该如何做到这一点？在接下来的两章中，我们将对这一问题进行探讨和说明。首先，我们要考察的是领导者的直接背景：经常与领导者进行互动的个人与团队。这个概念在一些情境表述中有所体现。②例如，理查德·博亚兹（Richard Boyatzis）所指出的围绕社会能力概念的一组能力，其中包括影响力、团队协作能力和冲突管理能力。③在第五章中，我们将对此观点进行展开说明，高效领导者需要了解更广泛的组织机构情境，而不仅仅局限于经常与他们进行互动的直接群体。我们

---

① 除另作说明，本章引用的内容来自以下采访：罗布·戈菲于 2002 年 10 月在伦敦对约翰·鲍默所做访问；罗布·戈菲于 2002 年 12 月在巴塞罗那对比尔·伯恩斯所做访问；罗布·戈菲于 2002 年 9 月在旧金山对帕蒂·卡扎托所做访问；加雷思·琼斯与罗布·戈菲于 2002 年 11 月在伦敦对格雷格·戴克所做访问；罗布·戈菲于 2003 年 2 月在戈德尔明对约翰·莱瑟姆所做访问。

② 参见丹尼尔·戈尔曼《情商》，纽约：班坦图书公司，1995 年。

③ 丹尼尔·戈尔曼与理查德·博亚兹，《最根本的领导力》（*Primal Leadership*），波士顿：哈佛商学院出版社，2002 年。

还将继续考虑领导力在此方面至关重要的作用。

我们的出发点是一个简单却无可否认的观察结果：人类行为，无论是否涉及领导力，都不是发生在真空环境中的。这些行为会受到社会现实的影响，因为个人行为本就发生在社会现实中，这些社会现实也构成了情境的重要组成部分。它们如同地心引力一般，不会凭空消失。高效的领导力包括识别情境的局限性以及识别潜在的机会。有技巧的领导者都是现实主义者。他们对于可以改变以及无法改变的事物有着发达的感知能力。他们了解身处的现实条件，并能在这些约束限制下工作。[①]

领导力依赖于情境的观点并不新鲜。多年之前，社会学家乔治·霍曼斯（George Homans）观察到的令人印象深刻：

没有任何规则可以使人类行为适用于各种情况，且毫无限制或无须任何改变。人类渴望确定性，几千年来一直在寻找这样的规则，但是一直没有找到。每发现一条原则，便也会随之发现一条原则冲突。近年来，从事实际事务的人，例如，业内高管，经常会寻求心理学家和社会学家的帮助来制订一项计划

① 这个概念是19世纪出现的古典社会理论核心。有关此概念最清晰的表达出现在埃米尔·杜尔凯姆的著作《社会分工论》（The Division of Labor in Society），纽约：自由出版社，1984年以及史提芬·卢克斯所编著的《杜尔凯姆：社会学方法规则与社会学选文及其实现》（Durkheim: The Rules of Sociological Method and Selected Texts on Sociology and Its Method），伦敦：麦克米伦出版社，1982年中，杜尔凯姆坚持认为社会是一种现实，就其本身而言——自成一类。在20世纪，塔尔科特·帕森斯的作品中强调对行动的目的、方法以及环境条件的理解。这两者都与众多领导力文献中的天真的唯意志论形成鲜明对比。

或一组规则，以便高管们在同员工打交道时"全面地"，也就是说，在任何情况下，都可以应用。其实这样的规则根本就不存在，即便存在也会很危险。它们可能会在一段时期内发挥良好作用。然后，随着环境的改变，规则也会变得不合时宜，领导者则不得不在墨守成规的基础上去处理一个新的情况。因此，我们所要表述的领导力准则是，没有绝对的真理，只有领导行为的实用指南。这些准则仅在一定范围内适用，适用范围由领导者所面临的情况所决定，并且在某些情况下，准则之间会相互冲突。领导者需要的不是一套规则，而是一种可以对领导者必须采取行动的情况进行分析的好方法。如果分析足够充分，那么这种情况的处理方法自然会显现出来。作为工作指导的话，如果领导者头脑中原本便有一些简单规则，那么通过分析他便能了解这些规则的局限性在哪儿。[①]

一对一

既然情境如此关键，那么对于任何领导者来说，敏锐感知情境并能够察觉风向都是必须具备的能力。"真诚"的领导者具有良好的，有时甚至称得上是卓越的态势感知能力。

如同许多成功的领导者一样，帕蒂·卡扎托（Patti Cazzato）

---

① 乔治·霍曼斯，《人类群体》（*The Human Group*），伦敦：劳特利奇＆开根·宝罗出版社，1951 年。

从自己曾作为销售代表的经历中学会了态势感知。在后来担任盖璞（Gap）高级副总裁的职业生涯中，她便很好地利用了这一点。许多领导者都认为，早期的面对面销售经验对于态势感知的开发具有重要影响。"销售是最棒的事，因为它迫使我去应对许多不同类型的人，但让我重新陷入年轻时的那种处境，老实说，当时我很害怕。我不得不和许多年长的男人打交道，他们都是这家百货公司的资深总经理。但以往经历使我在讲话前先思考，对我的听众做出评估，并学会以不同的方式与不同的人进行交流，"卡扎托告诉我们。

在掌握了这项技能后，卡扎托便开始运用它，并帮助其他人也这样做。"我会问很多问题，"她说，"我定期与现场、客户、区域经理、店长进行沟通。即使他们无须向我汇报工作，我也会问：'情况怎么样？'"她也在训练她的团队做着同样的事，这样每个人都能跟上整个 Gap 公司的节奏。"我的一些员工需要更好地理解整体布局，"她告诉我们，"我希望他们能与员工和客户进行更多接触。我正在尝试建立一种新的组织机构。"

也许关于销售经验最重要的是，它涉及许多一对一的面对面接触。正如我们的另一位受访者所言："终究，业务是一对一的。"

舒适区外的体验也可以提高态势感知能力。彼得·包必达说自己第一次学到这项技能是在奥地利服兵役的时候，那时他17岁。他发现自己在密切观察自己和他人对于难以忍受的生活条件和不人道待遇所做出的反应。一些人试图自杀，另一些人十分自在，还有一些人没有任何反应，而另有一些人对这种糟糕的待遇渐渐感到适应。这是包必达第一次能够从态势感知中获益。他对自己的上级官员以及他们的计划了解得越多，他就越能预料到他们的行为，并因此得以置身事外。对包必达来说，这种对于相关联系的理解使他拥有了洞察力。

总部位于加州的全球就业公司德科集团（Adecco）的前董事长兼首席执行长约翰·鲍默（John Bowmer）说，曾经住在尼日利亚西部一个学校营地的经历激发了他的态势感知能力。他从这所学校的传教士同当地居民之间复杂的协商谈判过程中学到了很多。在所有这些领导者在远离自己所在舒适区的经历中，他们最初的感觉是根本不明白发生了什么。而同时这种感觉也会触发许多人更为强烈的态势感知。

态势感知都包括什么？

高效的态势感知有三个各自独立却又息息相关的要素。第一个要素由观察与认知技能构成。领导者看到并感知组织机构中正在发生的事情，随后用他们的认知技能来解释这些观察结果。他们会对软数据进行收集并解读，有时没有任何口头解释，但他们知道什么时候团队的士气不稳，什么时候团队中扬扬自得的情绪需要得到挑战。他们似乎是通过一种渗透作用来收集信息，并借此来理解自己所渴望领导团队的情境。

这个过程很微妙，以至于"看到"它并不总是那么容易。

但在工作场合互动中的某些关键时刻，你可能会观察到这种技巧或是观察到这种技巧的缺失。举个例子，开会的时候有人迟到便如同是一头公牛闯进了瓷器店。这种干扰典型地反映出了"消极的"态势感知。而有些人似乎马上融入状态参加会议，毫不费力地适应气氛或周围环境。

每当交易即将完成时，你也能看到这种技巧。例如，在并购谈判过程中总会有这么一个时刻，当所有的数字都已计算完毕，此时谈判能否继续下去的关键决定性因素便是领导者对这一切是否"感觉良好"。那些能做出正确决定的人具有出色的态势感知能力。

过分追求任务导向的管理者们总是会忽视基本的观察工作。他们在尚未完全了解情况时便匆忙采取行动，有时甚至会带来十分严重的后果。正如我们会在后文讲到的，一些有用的观察框架有助于培养个体对这项技能的认识以及践行实践。

态势感知的第二个要素是由行为技能与适应技能构成的。在对周围态势进行观察和理解后，高效的领导者会调整自己的行为。他们在适应环境的同时也并未丧失自我意识。这些人就是我们口中所说的真诚的变色龙。变色龙能够迅速适应其周围的环境或情境，而这一过程永远不会停止。对于领导者来说，这种态势感知的行为要素包含有意识地运用社交技能，以使他们的领导力能在特定的情境中得到最大化发挥。这些人能够使自己的行为多样化：他们既可以与人亲近且能够保持距离；可以在发挥个人优势的同时暴露出自己人性上的弱点；可以行动迅速且时机恰到好处。

例如，想想纽约市前市长鲁迪·朱利安尼（Rudy Giuliani）巧妙的干预。在"9·11"事件发生后经历创伤的几个小时和几天里，朱利安尼觉得自己作为一名领导人，他应当走到街上同民众在一起。显然，他适应了环境。与之形成鲜明对比的是，布什总统对此做出的第一反应：迈克尔·摩尔（Michael Moore）在其纪录电影《华氏911》（*Fahrenheit 911*）中——首次展示出他抓拍到的令人难忘的镜头——袭击发生时，布什总统正在学校参观，在舞台上明显呆愣了好几分钟之后，他便躲到了人们的视线之外，在武装保护下藏到美国上空的某个地方。

可以说，布什总统的主要领导职责是要确保行政指挥链条完好不会因为任何打击而受损。然而，他的行为却使他看起来正在疏远人群，消失在民众的视线之外。相比之下，朱利安尼的态势感知则更为直接，能满足追随者们的情感需求。纽约民众正处于危险境地，朱利安尼用行动表明了自己会陪在他们身边的态度。在人们极度痛苦的时刻，他将一种自豪感传递给他们，让他们能为自己以及这座帮助他们度过困境的城市感到骄傲。（在此过程中，他也使情境发生了改变，即下一个要素。）

高效态势感知的最后一个要素是领导者运用自己的行为来改变情境。它们例证了另一种情境。当格雷格·戴克初到BBC时，他对看到这里郁郁寡欢之人如此之多感到十分震惊。他对此的回应是要为公司打造一种更为积极、充满活力的愿景。他试图通过打造一种人性化的新风格来改变情境。他坚持做自己——

性格开朗又积极。当他在走廊与人交谈，说起新节目或是即将上演的戏剧时会兴奋地侃侃而谈。戴克还试图改变 BBC 高管会议稍显严肃的气氛。一群高管被召集到会议室，当他们听到里面的笑声误以为走错了房间时，他知道自己成功了。

我们从中学到的是，领导者并非情境的被动接受者。与之相反，他们会同自己的追随者一起努力构建另一种社会现实。[①]正是这种能力将有能力改变态势的人同那些仅仅对态势做出反应的人区分开来。

领导者不仅知道对态势进行感知的重要性，他们还知道，随着自己在组织机构内部职位的不断攀升，这一点便愈加重要。伴随职位提升而来的是被日益过滤的信息——这些信息会经过其他人的眼睛和耳朵进行过滤。而这些人对于领导者应当知晓的内容有着他们自己的看法。当你接近金字塔顶端时，你会得到更多信息，但这些信息会变得不那么可靠。正如约翰·鲍默所解释的："如果你成功了，你会越来越受敬畏，结果你得到的真实信息也会变得少之又少。"

真诚的领导者清楚这一点，他们会采取措施确保自己与行动保持联系，并始终对瞬息万变的情境保持敏感。

---

① 彼得·L.伯格与托马斯·卢克曼，《现实的社会构建》（*The Social Construction of Reality*），纽约：铁锚图书出版社，1996 年。

时刻保持感知

我们再详细地研究几个态势感知示例。格雷格·戴克在接手 BBC 时，他所要面对的是情境挑战。他在竞争激烈的商业电视世界里声名远扬，而如今，他领导着一个十分古板的国家机构。他的早期观察使他感到震惊。当他在电梯里愉快地说声"你好"时，他的员工都想低头看向自己的鞋子。他在自助餐厅吃午饭时，周围人都远远地躲开他。甚至一开始他的高层同僚们似乎也倾向于告诉他那些他们认为他想听的东西。

"当时看上去真的很奇怪，大家整天都像戴着假面具一样，"戴克回忆道，"没有人做自己，因为他们认为这是不被允许的。所以，你让那些开朗、有趣、富有才华之人彻底变成了另一种人，而原因不过只是他们认为不能做自己。"

戴克决定要进一步探索，他开始对 BBC 播音帝国进行更大范围的走访。他参观了当地的广播电台（通常是公共服务广播的无名英雄）、科学规划单位、戏剧拍摄、新闻编辑室，他总是严格禁止接待单位铺设红地毯或是安排随行人员。他非常不希望等级制度对情境解读造成妨碍。他所见到的是一幅复杂的画面。在某种程度上来讲，人们士气低落，抱怨声此起彼伏，犬儒主义泛滥。然而，当他再深入探究时，他能感觉到其中潜藏着创造力、创新意识，以及人们致力于投身公共广播服务事业的深切感情。

鉴于他自己一贯的精力充沛、积极向上，他觉得这种玩世不恭的犬儒主义态度令人感到沮丧，倍感疲惫。他在改变情境方面的领导任务是要让大家将创造力、革新以及恪守承诺表现出来。当然，他自己的行为是实现这一切的关键。

甚至戴克开始了解态势的方式也会使其发生改变。记住：没有红地毯，没有随行人员——毫无要人来访的迹象。恰恰与之相反的是，当戴克开始探查办公室和工作室时，他就像是一位亲切而又善解人意的探险家。随着对周围态势了解得越多，他便越发意识到，想要改变情境需要先赢得盟友——将支持者们组织起来成为自己的后盾。戴克也问到了校长约翰·莱瑟姆曾提出的同一问题："怎样能使在这里工作这件事变得更好？"有时是些微不足道的小事：为当地的广播电台重新配备一些音响设备，或者在过于拥挤的办公室里布置一些绿植空间。"很多东西都是琐碎小事——几乎不花一分钱。"他告诉我们，"花点小钱做些改变，你可以从人们那里赢得超出预期的承诺。"

但正如戴克所感觉到的，他自己也在不断适应。其中一位作者在戴克融入 BBC 传统文化的过程中一直密切关注着他。公司的大会议室里陈列着历任董事长的肖像（画像中都是中年白人），而组织创始人里斯勋爵（Lord Reith）的半身像则严肃冷漠地凝视着下方。BBC 的董事长就是在这里忍受着与 BBC 高层管理者们永无休止的会议——是掌权者与阿谀奉承之人凑在一起的古怪搭配。面对这一切，戴克展示出了其敏锐的高度功能适应性。每当出现在这些场合，他的衣着举止以及言谈都会变得柔和。他会采用正式的称呼方式，尤其是在面对董事长的时候。

然而，他偶尔也会表现出愤怒：焦躁地用力开合眼镜盒，在同管理者们深入辩论时逐渐丧失耐心。也许正是自那时起他开始树敌，为自己埋下了最终祸患。

象征性变化

戴克为 BBC 带来的第一个实质性变动在其尝试改变情境的过程中具有象征性的重要意义。在一个有着强烈的平等主义意愿的组织机构内，总部外面排成长龙的高级黑色轿车让很多员工感到愤怒，甚至心生疏远。首先，他逐步淘汰了分配给执行董事会成员们的专车和司机。司机们得到妥善安置，在对节目制作人以及后勤人员的总体影响方面也十分积极。

其次，他将咨询顾问项目上的预算进行大幅削减，从每年2200 万英镑减至 300 万英镑。这一举动标志着同原有管理体制的根本决裂，同时也象征着他对组织机构内部工作人员能力的信任。

在做出这些变革的同时，戴克还明确了自己将致力于公司发展的承诺。戴克由衷地关心着他所带领的员工以及他管理的机构。有一个例子可以深刻证明这一点。他本计划向一个部门的工作人员发表讲话，该部门在 BBC 的运营方面扮演着重要角色：该部门的各地区团队以及国家级团队，分别代表并服务于苏格兰、威尔士、北爱尔兰以及英格兰地区的利益。会议前一天晚上，他的房子被大火烧毁了。幸运的是，他没有因此受伤，但他为此受到惊吓也是人之常情。然而戴克依然现身了。"我彻底崩溃了，他们能看得出来，"他说道。但能在如此糟糕的情况下依然到场，他为此受到了极大的赞赏。"你所要传达的是，"他说，"我们重视你们。我们珍惜你们所做的一切。"

BBC 在戴克的领导下发生了改变。习惯于独断专行的经理们开始听取员工的意见。以往一直将同在大厅内部的姐妹新闻栏目视为竞争对手（早间新闻同午间新闻互相竞争，而午间新闻又会同晚间播报进行争抢）的记者们也开始将视线转移到公司之外（有些人可能会认为这不过是恰好发生），去寻找真正意义上的竞争对手。

这种变化有一种模式，或可称为一种节奏，而这在其他拥有高效领导者的组织机构中也可以看到。这种节奏便是：观察、理解、适应和变革。

节奏之王

以里克·多比斯为例，他在音乐界是位经验丰富的高管，曾于 RCA（美国广播唱片公司）、索尼和宝丽金等多家公司任职。里克是典型的纽约人。我们初次对他进行观察时他正负责宝丽金品牌集团（the PolyGram Labels Group）的经营管理，这是宝丽金在美国境内的一个小型唱片公司协会，环境比较宽松。他在扮演管理者的角色时不但具备扎实的市场营销经验，而且在对待艺人、作品以及艺术家时更是温柔敏感。随后一个新的机遇便出现了。他得到去分管宝丽金在欧洲业务的运营机会——这26个国家的利润约占了集团总利润的一半。

美国的娱乐业高管们在将工作重心转移到欧洲时大多数人都很难成功适应。所接触的关系网络与文化环境都截然不同（那些试图从欧洲转向美国发展实现这一壮举的人基本上也是如此）。这对于态势感知的挑战是巨大的。业务范围覆盖了法国、德国等大国，这些国家地域广阔，而且都拥有独具特色的音乐文化。西班牙等中等规模国家，其有潜力将曲目国际化发展至拉丁美洲地区；意大利，斯堪的纳维亚半岛上的国家，各种新兴曲目层出不穷；还有像葡萄牙和比利时这样的小国，它们虽然鲜有国际流行歌曲，但音乐产业依然繁荣。（毕竟，比利时人发明了萨克斯管。）

因其在文化猎奇方面永无止境的热忱，以及明确展现出的乐于助人精神，多比斯得以在如此多样化情境之下妥善处理各种问题。他从未表现出一种"我知道处理这件事的最好方式"的迹象，他所持的是一种真诚地向同事学习的开放态度。他观察、理解、适应，并最终开始改变情境。他将16位总经理全部召集在一起，举办了一场关于最佳实践方式的研讨会；他鼓励签约当地的艺术家，始终保持当地乐坛自有风格，使其免受来自主流音乐的侵袭。渐渐地，几乎在不知不觉中，他们组建了一支强大的队伍。各个国家之间的曲目流动性增强；对来自美国与英国的国际畅销曲目的销售协调方面也有所改进。这可能是宝丽金运营中最有力的部分。

正如里克·多比斯所证明的，只有当你理解情境，并判断出什么可以改变而什么无法改变时，领导力才能最为有效地发挥作用。

理解个体

但领导者需要意识到什么呢？是否有一种方法可以对情境进行分类，从而提高你的态势感知能力？有一种可行的方法是对三个层次的分析进行思索。第一层是会对你的表现造成最大影响的关键人物；第二层是你为了完成任务而必须加入的重要团队；第三层是你所身处的组织机构情境以及存在的制约。（我们将在第五章中继续探讨组织机构情境这一话题。）

高效的领导者认识到成功的先决条件是要理解组织机构中的关键人物。员工们的动机、价值观、技能和爱好都是情境的重要组成部分。成功的领导者总是对自己的关键人物充满好奇。领导者会对人们寻常发出的微妙信号加以解读，因为这些信号揭示了这些人的潜在动机、主要能力，以及他们的情绪状态，这一点尤为重要。

有些方面比较容易理解。一般来说，要对一个人的技术能力进行评估——例如，看资产负债表，制订营销计划，或者测试一种药物的毒性——至少可以从这些方面进行侧面了解并衡量的。但要想弄清楚动机和情绪则要难得多。这更属于一种出自本能的行为，很难统一标准。

领导者该如何收集这些数据呢？我们的研究和经验表明，有几条通用原则很有帮助。首先，非正式情境比正式情境更为适合。如午餐、远足或周末野餐等非正式场合有助于领导者与追随者们得以摆脱公司框架所强加的束缚。无论领导者是在办公室或是在更为轻松的环境下开会，他们都要选择一个能让每个人感觉舒适，而且不会受到打扰的地方。

其次，间接证据比直接提问要好。如果领导者直接向追随者提问："你的主要动机是什么？"那么他们之间的上下级关系则会对收集良好数据形成阻碍。追随者倾向于给出自己认为领导者想要听到的答案。这也解释了为什么当一位领导者在收集动机性数据时，涉及过去的问题会比关乎未来的假设更为有效。"上一份工作中你最喜欢的是什么？"与"你认为未来两年自己会有何发展？"相比，前一个问题更具启发性，能获得更有价值的信息。

对于已经发生的事件所提出的问题可以揭示出，在人生的关键时刻人们是在何种动力的驱使下做出当时的行为。对于年轻人来说，这可能涉及他们在求学过程中的某些关键时刻，而对于那些有着丰富工作经历的人来说，他们的选择模式最能说明问题。有些人在苹果公司工作满一年后就离开，因为他们觉得这里的官僚主义令人感到窒息，几乎可以肯定的是，他们的结构动机都很低（也就是说，让世界变得更可预测的这种渴望，并非他们的主要动机）。而对于其他人来说，得到更多奖金可能才是至关重要的，也可能是出于对权力或自主权的追求促使他们做出选择。

揭示潜在动机的不仅仅是与工作相关的经历，体育和社区活动的数据也很有用。那些拥有强大动力的人通常也是高尔夫俱乐部的领袖级人物，是教会委员，或者是当地的家庭教师联谊会（PTA）的组织者。在满足人际关系的动力驱使下，一些人会以自己为中心组建团队或是加入非正式的社团。所有这些数据都会被高效率的领导者收集、评估并加以使用。

时间也很重要。"这需要时间，"约翰·鲍默告诉我们，"当人们开始信任你，他们便会更多地展示自己。这样你就能更好地感知形势。你开始掌握这些迹象，再培养出一批骨干成员，然后他们便会告诉你人们在担心什么。"

领导者是无法仅仅根据一条线索便推断出一套完整个人动机模型的，这一点很重要。恰恰与之相反的是，他们对身边关键人物的理解需要不断地构建与调整。人是复杂难懂的，我们永远也无法完全了解。对于人们潜在动机的探索始终只能得到一个无限趋近于答案的近似值，但对于获得高效领导力来讲却至关重要。

最后，鉴于这种复杂性，我们建议领导者可以建立一个网络图，将那些对自己绩效有最大影响的个体列在图表之上，并将自己对动机和情绪的观察和目的记录在图表中。图表可以将下属、老板、同事、供应商、客户或合作伙伴包含在内。任何一项，甚至是每一项都会对领导力的高效性产生重大影响。在此过程中，领导者必须找出存在的疏漏——那些知之甚少却很重要的人物。但他们很可能会陷入一个危险的动机误区：假设找寻的目标和自己一样。

这是一项严肃的任务，需要将信息综合化和结构化。虽然收集数据的过程可能很轻松，但收集到的信息需要被系统地记录下来，以便在每次进行新的输入操作时图表都能得到更新。

这些数据能帮助领导者或未来的领导者对激励着他们周围每一个人的因素进行评估。另一方面，领导人也更容易将他们招致麾下。据罗氏公司的比尔·伯恩斯介绍，这个想法便于领导者能向追随者们展示，加入这项事业将如何帮助他们得到他们想要的东西。

高效的领导者致力于帮助他们的员工，发掘他们的真正才能，发展皮特·戈斯所说的"内在的巨人"。同样，总部位于弗吉尼亚的第一资本（Capital One）前首席运营官奈杰尔·莫里斯（Nigel Morris）表示："我正在帮助人们实现他们的梦想。我会做一份年中回顾，在回顾中我特意询问人们的感受。不仅是今天，还有他们成长、学习的方式，以及困扰他们的事情。我一直在努力发现如何为这个人增加价值。我试着从他们擅长的领域反向思维，增加他们的优势。"

比尔·伯恩斯也赞同这种从人们擅长的领域开始工作的想法。他和许多儿童心理学家一起观察到，"人们在四五岁时就有了明确的个性。如果他们本质上是内向的，那就不要试图把他们变成啦啦队队长"。

即使在困难的情况下，对动机、价值和情感的洞察也能带来领导优势。参考下面的例子。20世纪90年代初，当雷·范·谢克（Ray van Schaik）担任喜力公司（Heineken）董事长时，他周围的人注意到，他拥有一种近乎神奇的情境感知能力。他能够解读同事们发出的信号，而最重要的是，他很了解喜力集团第三代家族成员同时也是大股东的弗雷迪·海尼根（Freddie Heineken），海尼根一直自诩"不一定时刻都在，却对发生的一切无所不知"。当一些高级经理浪费时间试图劝动海尼根的时候，范·谢克似乎"就是知道"海尼根想要什么，尽管他们之间性格迥异。

范·谢克是一个魅力超凡、意志坚强的——中间人或称减震器，为家族所有者和他帮助组建的强大高管团队之间提供缓冲。如果没有这种世界级的局势感知，这可能会变成一场灾难。与之相反，在他的领导下，喜力集团在国际市场上取得了长足的发展。

理解个人不仅仅是组织高层的问题。我们采访了俄亥俄州路边一家咖啡馆的烧烤厨师。他告诉我们，知道每位女服务员会如何应对午餐高峰是多么重要。首先需要非常明确的指示；其次，持续的正面反馈；此外还有一件事，那就是要让她自己去解决。同样给我们留下深刻印象的还有孟菲斯联邦快递（FedEx）的一位主管，他清楚地知道谁可以跟踪一个复杂的包裹，以及其他需要仔细检查的人。

尽管在整个组织中收集关键人物的数据至关重要，但这并不是全部。最为高效的领导者还能对复杂而微妙的团队动态加以解读和改变。

理解群体

由于领导力始终是领导者与被领导者之间的相互作用，因此大量有关群体行为的研究文献都与那些渴望扮演领导角色的人有着高度的相关性。[①] 大多数情况下，他们的领导对象并非仅仅是聚合在一起的个体，而是组群与团队。

如同了解个体一样，了解你所领导的团队是个永无止境的持续性过程。一个群体不仅仅是其成员的总和。它还包括这些成员之间的所有关系——关系量可达到群体数量的平方——以及群体本身复杂的社会结构。正如比尔·伯恩斯所说："你正在感知人性。你需要考虑人和文化，而不仅仅是逻辑和任务。你要考虑的是团队内部是否拥有天生的领导者，或者被指定的领导者是不是位天生具有领导才能的人。然后你要意识到团队内部是否存在有待处理的困难、紧张或是不匹配等问题。"

问题是，许多志向高远的领导者会忽视群体及其动态。尽管已经有大量知识体系证明了将联结松散的"组群"改造为高效"团队"后具有种种优势。[②]

---

① 在大多数标准的组织行为学教科书中均有概述；例如参见 L.J. 马林斯，《管理与组织行为学》（*Management and Organizational Behavior*）第七版，伦敦：金融时报普伦蒂斯霍尔出版社，2004年。

② 乔恩·卡森巴赫与道格拉斯·K. 史密斯，《团队的智慧》（*The Wisdom of Teams*），波士顿：哈佛商学院出版社，1992年。

为什么会发生这种情况呢？一种解释认为，我们缺乏组建团队的训练，特别是在西方文化中。除去团队运动项目之外，无论是中学还是大学都鼓励我们要去竞争，而不是合作，学生们所受到的教育是要独立自主，而不去寻求任何帮助。

在工作的组织机构中，团队的形式与规模多种多样。团队范围包括从经理以及他们的直属上级到跨职能团队、任务组和以解决问题为中心的特别团队。一些领导者发现自己的团队成员就井然有序地排列在旁边的走廊上。另一些领导者则发现自己管理着分布在各个大陆上的地理性分散团队。

尽管形式多样，但团队行为仍具有一些公认的基本原则。无论是凭借天生直觉还是受到良好的培训，具有良好情境感知能力的领导者似乎都清楚这一点。

例如，多年来我们已经知晓，高绩效团队倾向于在两种不同类型的行为之间取得平衡。这两种行为通常被称为任务相关角色与维护角色，以及关系相关角色。任务角色与完成任务直接相关。它们包括发起活动、确立目标、监测进展、组织分派任务，诸如此类。当团队遇到压力时，这些角色总是会率先出现并占据主导地位。但是随着时间的推移，过度关注任务的团队很可能会分崩离析。此时便需要有维护角色将团队维系在一起。这涉及在团队成员之间找到共同点，调解冲突，等等。但是如果做得太过，维护行为也可能带来不利影响。维护行为过度，团队成员之间可能会享受这种彼此陪伴的状态，但却永远一事无成。

当我们同日本高管讨论这种区别时，他们认为这是个不言而喻的事实：团队会面最重要的事情是要确保能够再次聚到一起。换句话讲，对他们来说，关系始于维护。首先我们要互相了解，然后我们才能在一起共事。在日本的日产汽车公司（Nissan），我们遇到一位在一线工作的主管，他的首要领导原则是确保每天都与自己的团队成员一起享用食物和饮料。对于他以及他的追随者们来讲，维护关系为他的领导力搭建了平台。而与之形成鲜明对比的是，在美国，人际关系更有可能始于任务——先共事，然后再相互了解。

优秀的领导者总是对任务与维护行为以及团队当前需求之间的微妙平衡非常敏感。他们认识到平衡是不稳定的，因此会根据团队的不同需求而做出调整。在某种程度上来讲，这几乎是个每时每刻都在进行的过程。优秀的领导者知道何时必须立即做出决断，何时意见有待统一，以及在何种情况之下需要更多地听取他人意见并寻求共识。从长远来看，他们还会计划当任务即将发生变化时该如何改变团队的组合。

循环利用团队

当魅力十足的西蒙·古利福德接任巴克莱集团市场总监一职时，他接手的是一支士气低落的团队。合作水平很低，有的人还会在背后捅刀子，人们对这家银行能将营销业务发展到何种程度抱有强烈的怀疑态度。在他看来，他的第一个任务是将这些人打造成一支团队，一支视自己为金融服务业顶级营销团队的队伍。他利用自己在创建高效团队方面的丰富经验与才能，培养团队朝着更高水平的凝聚力和高效性方向发展。当然，在此过程中，他对指定对象收集了他们个人能力与动机的相关数据。当遇到合适的时机，他便掌握足够的信息来做出一些艰难决定。有些人被调到新的岗位，而另一些人则被判出局。

实际上，领导者认识到团队经历开发周期，而流程可以从被管理的过程中受益。这些阶段有时被称为形成阶段（组建团队）、震荡阶段（在做什么以及如何做的问题上存在冲突）、规范阶段（关于如何在一起工作达成共识）以及执行阶段（现在的团队可以全心全意地专注于任务）。

两个阶段之间缺乏必然的连续性。例如，一些团队在震荡阶段会因为个体之间无法解决的差异而土崩瓦解；另一些人则过分礼貌，试图避免发生任何冲突，这也是不恰当的。我们观察到一个越来越突出的主要问题，即不切实际地试图快速展示成果。这往往是由于直接从形成阶段跨越到执行阶段——这一雄心壮志完全无视几十年的行为科学研究。

在各阶段连续的情况下我们有时会看到这种情况。例如，我们看到一个强硬的墨西哥人收购了一家大型饮料公司的美国子公司。他的前任打造出一支强大的团队，但这支团队却是在母公司的一片反对之声中建立起来的。这就产生了一种敌我之分的心态。为了改变这一现状，这位新任领导人只得将一些组织结构良好、具有很强凝聚力的团队拆分开来，然后再为不同的愿景重新组建一支团队。

适应差异

正如优秀的领导者会花时间去了解个体一样，他们也会关注团队结构与流程等微妙层面。领导者知道工作总是持续不断的。不只是当两名成员离开，三名成员加入时，团队会回归到"形成"阶段。每一次团队举行会议时或多或少都会遇到这种情况。于是领导者必须在真正关注业绩之前再一次让团队稳定下来。这意味着要及时建立人与人之间的联系。这一点虽然很简单，但却常常被忽略。

比尔·伯恩斯很少犯这样的错误。他在协调上投入了相当多的精力，以确保执行董事会的同事们能够以一种适合当下的方式安定下来并进行互动。由于参加会议的同事以及会议的内容不尽相同，因此每一次情况都会有所变化。无论是私下里的一句悄悄话，还是缓解紧张气氛的一个适时玩笑，还是让别人发泄不满而妥协让步，还是在关键时刻叫停会议，比尔将自己的技能提升到了很高水平，他总是有着各种花样手段。

在一次团队建设活动中，我们与比尔和他的执行董事会一同工作，我们注意到比尔平静而坚定地保护一位同事免受其他队员的攻击；在休息喝咖啡的时候，他告诉别人这个人所面临的个人挑战（当然，他在这方面一直消息灵通）；然后他又低调地再次提起之前的问题，以确保会议能在接近尾声时结束。不出意外的是，我们的会议超时了一点儿，但却成功达到了目的——比尔又给我们上了一堂大师课，教我们如何巧妙地引导团队。

像比尔·伯恩斯这样的领导者明白自己能为团队带来什么，以及在何时需要帮助。相反，高度专注于任务的领导者则需要更多的以维护为导向的团队成员来帮助他们保持团队的完整，但他们却往往是最后一个认识到这一点的人。他们太过于关心事情的开始与完成——以至于无暇顾及其中的过程。几乎不可避免的是，以维护为导向的领导者往往对与之互补的任务型同事的需求情况更加敏感。

我们帮助领导者所做的工作通常集中在帮助高度专注于任务的个体招募或培养与他们关系密切且拥有良好维护技能的人。有时我们需要鼓励以维护为导向的领导者要包容，甚至是鼓励团队中存在更高层次的认知冲突。（这种冲突——或者说是创造性紧张——对于创新来说尤其重要。）事实上，这两种领导者都需要理解认知冲突（思想碰撞）的积极优势，以及情感冲突（负面情绪导致团队功能失调）的潜在破坏性后果。①

显然，团队成员越多，他们之间可能发生的互动就越多，领导者也就越难了解他们，无论他们是作为个体还是作为一个

---

① 兰德尔·彼得森与 T.L. 西蒙斯，《高层管理团队中的任务冲突和关系冲突》（*Task Conflict and Relationship Conflict in Top Management Teams*），《应用心理学杂志》（*Journal of Applied Psychology*），2000 年。

正常运作的团队来说都是如此。如果团队高度多样化，情况也是一样。种族、宗教、语言、经验以及个体目标的差异可能会降低团队的凝聚力，使其更难加以解读。

在短期之内，性格相似的人往往更容易相互合作，建立出领导者可以解读的关系，组建起能够快速团结并产生结果的团队。因此，对于领导者来说，构建起同质化团队是很具有吸引力的。然而研究表明，高度多样化的团队尽管在最初往往在表现上不如同质化团队，不过一旦他们学会团结一致，能够利用自己更为广泛的经验与想法，便可以在较长时期内表现得更为出色。因此，如果手头的任务很复杂，需要多花一些时间，那么选择多样化团队可能会更好。①

创造力与创新的问题日益重要。组织机构遵循 20 世纪 90 年代流行的建议而变得吝啬、精简、拖沓和专注。但如今他们面临一个新的问题：我们该如何创新？创造力会随着多样性而增加，随着千篇一律而减少。但是，领导者却无法逃避与日益多样化相关的挑战。同样，情境感知能力也很重要。

---

① 约翰·W. 亨特，《职场人士管理》（*Managing People at Work*），伦敦：麦格劳 - 希尔集团，1992 年。

无处不在

随着全球化步伐的加快，另一个领导力问题也出现了。越来越多的领导者发现自己的团队成员不止在一个地方。这些情况对领导力提出了特殊挑战。你无法简单地和他们在走廊上边散步边闲聊，也无法在下班后和同事去喝杯啤酒。领导者怎样才能克服这些困难？

当然，我们也得到了新交流方式的帮助：电子邮件、视频会议等。技术专家们想让我们相信这是能解决一切问题的灵丹妙药，但事实并非如此。①原因很简单：人类天生善于社交。

在我们遇到的一个例子中，一家大型制药公司决定将其研发国际化。公司安装了一个优秀的电子邮件系统，并购买了一根埋在大西洋海底的电缆以方便视频会议。但在几周内，电子邮件便被贴上了"邪恶邮件"的标签，视频会议也成为增加不信任感和负面政治影响的一剂催化剂。"他们离开麦克风时到底在嘀咕什么？""他们是在互相递纸条吗？"这些变化非但没有加速研发过程，反而让事情变得更糟，使大家陷入"骂战"（故意给某个人接二连三地发送电子邮件进行网络轰炸）和其他形式的传达错误。最终解决这种日益恶化局势的方式是将分隔在大西洋两岸的团队当面聚到一起。一开始他们总是会争得

---

① 黛博拉·L.杜阿尔特与南希·泰纳特·斯奈德，《掌控虚拟团队》（*Mastering Virtual Teams*）第二版，旧金山：约塞巴斯出版社，2001 年。

头破血流，但四五天之后，他们开始相互联系并具有了高效团队的表现。

在此事（以及许多类似经验）的基础上，我们会向拥有远程团队的领导者建议先建立起面对面的关系。人类是为这种互动而生的。一旦建立起面对面的关系，之后就可以通过其他方式来维持住关系。（可以考虑看似毫不起眼的书信所蕴含的能量并非只有高科技才起作用。）世界上的金融区在地理位置上都仅占有很小的一部分区域，如华尔街、伦敦金融城、东京金融区，这一点并非偶然，在交易结束之后，酒吧和俱乐部里面挤满了面对面进行社交活动的人。他们在相互收集有用信息。

当远程团队的高效领导者将团队聚集在一起时，他们会加强社交互动。领导者确保团队努力工作，但之后他们会一起去吃饭或一起去剧院，去任何能让领导者收集信息并自我展示的地方。在这种情况下，领导者没有时间慢慢发挥自己的领导作用。许多内向的人会觉得这种强化非常困难。

最后，建立非面对面关系的成本要超过建立面对面关系的成本。因此我们提出的建议还可以使你免于被愤怒的财务部门检查旅行预算。

领导力是领导者与被领导者之间的关系。领导者同追随者个体进行互动，但也与追随者团队——社会族群与团队进行批判性互动。因此，我们对群体行为的所有了解都与领导力所遇到的挑战高度相关。领导者需要一组概念来了解他们必须与之进行互动的团队。但这并不仅仅是个被动的理解过程，因为领导者在追求首要目标时要做出行动来改变群体平衡。当然，他们正是在改变情境。

释放出内心的猛虎

同大多数人类能力一样，感知情境的能力部分来自我们的基因组成，部分同我们的社交经历和生命中关键的发展时刻有关。就像打高尔夫球一样，志向远大的领导者会向空中挥舞双手并大声说："我永远也学不会泰格·伍兹（Tiger Woods）的打法。"或者他们可能会说："好吧，我可能永远做不到泰格那样的打法，不过我肯定能做得更好。"

最重要的是要认识到，态势感知是可以被教授和习得的。优秀的商学院已经开设了"人际关系技能培训"课程。该领域内的任何发展都围绕着提升态势感知能力进行。方法是将高管们在特定情况下的表现以录像的方式记录下来，包括设定目标、做出反馈、交流愿景，然后对整个工作过程进行回顾，观察是否存在遗漏或误解之处。在这类课程上的相关经验提醒我们注意到对观察技能的普遍忽视。许多干劲十足的高管不会将时间花在仅仅观察身边发生的事情上。他们要完成事情的欲望却使他们甚至忽视掉了最简单的观察任务。当然，做到熟练的观察并不容易。想想我们参观美术馆时的经历；如果你使用语音导游，你便可以看到更多东西。领导者需要类似的指导常伴左右。

领导者，特别是大型组织机构的领导者，可以开发出为自己收集软数据的网络。许多在地理位置分散的组织机构中任职的领导者报告称，他们培养出的旧联结网络——通常发生在较低层级——使他们能够接触到其他层级的人员对于事物的感觉，而这些层级是他们在其他情况之下难以接触到的。卡扎托和鲍默都同以前的销售同事们保持着联系，他们会利用非正式场合来获取免受层级过滤的信息。

所有这一切都证明了，态势感知并非被动的过程，领导者对周围情境进行解读并改变情境以实现他们的首要目标。

以下对政治家们的观察则完美捕捉到了那些渴望成为领袖的人必须要达成的目标。"据说有两个英国首相，一个没有感知，而另一个则什么也没有。如果我们通过感知了解到对于细微差别与潜在含义要保持警觉性，那么便能轻易看出这两种倾向是如何导致商业和政府失败的。一个具有完全感知的人很可能反映的是普遍情绪，而不会将自己的方向加诸其上；同样地，对别人的情绪和感受充耳不闻的领导者可能会制订出明确清晰的计划，却无法衡量出这些计划是否能被接受。"①

只要你知道自己在哪里，你可以在任何地方领导一支团队。想想 2004 年的莱德杯（Ryder Cup）高尔夫球赛，美国队汇聚了全世界最优秀的球员们，而欧洲队则由来自不同国家且排名靠

---

① 安东尼·斯托尔，《心理治疗的艺术》（*The Art of Psychotherapy*），伦敦：巴特沃思－海涅曼出版社，1990 年。

后的球员们组成。但关键的区别却在于，欧洲人受到了出色指挥。德国队长伯恩哈德·兰格（Bernhard Langer）展现出了高超的态势感知能力——无论在个人还是团队层面上都是如此，而不幸的美国队长哈尔·萨顿（Hal Sutton）则接连不断地发出错误指示。最后欧洲人大获全胜。①

---

① 托尼·科克里尔，《莱德杯团队合作典范》（*Ryder Cup Lessons in Team Play*），《商业战略评论》，2004 年冬季刊。

>>> 第五章

保持本真性：足够顺应

在第四章中，我们集中讨论了领导者在面对个人以及团队时的解读与重建任务。但他们还必须要对组织机构的情境进行解读。这就需要领导者理解自己必须要适应的复杂社会结构，以便在组织机构中获得牵引力。[①]这里的关键词是适应。如果领导者要建立起必要的联系以实现变革，他们就必须足够顺从。能够成功改变组织机构的领导者会挑战常规——但很少会去同时挑战所有常规。他们不会在尚不了解组织机构情境的情况下便瞬间发起正面对抗。的确如此，生存（特别是在最初阶段）需要审慎地对正在形成的以及既有的社会关系和组织机构网络进行适应。要想改变一个组织机构，领导者首先必须获得至少一位成员的认可——早期的生存规则同获得长期成功的规则有很大不同。

对组织机构加以解读

在过去的 20 年里，关于首席执行官在组织机构中横行霸道

---

① 除另作说明，本章引用的内容来自以下采访：罗布·戈菲于 2003 年 2 月对珍·汤姆林所做访问；罗布·戈菲于 2004 年 3 月在伦敦对道恩·奥斯特威克所做访问。

的例子数不胜数。有时他们会获得短期收益。但是从长远来看，忽略组织机构情境并不可取。可持续性变化要求领导者能够理解并关注组织机构的情境。这样做，领导者便可以拥有可信度并能以更大的成功概率来推动变革。忽视这一点则可能会带来灾难性结果。想想阿尔·邓拉普（Al Dunlap），或者其他冷酷无情的裁员者和资产剥离者，很明显他们无法带来长远改变。

例如，当迈克尔·奥维茨（Michael Ovitz）加入迪士尼公司时，他似乎大错特错。他的同事迈克尔·艾斯纳（Michael Eisner）声称：

> 他以一种错误的方式开始与人交往。他的到来便是存在争议的，随着事情的发展，情况变得更糟……我们都乘坐公共汽车（在公司的疗养基地内），他有一辆豪华轿车，还配有一位专职司机。每个人都有一部对讲机，你能听到这3万英亩之内的对讲机都在议论："这家伙是谁，他怎么要求专车待遇？"人们认为，对于一直在佛罗里达州主张人人平等的沃尔特·迪士尼世界（Walt Disney World）来说，迈克尔·奥维茨表现得有些精英主义。这么说吧，当时周围气氛很糟糕。[①]

---

① 《每日电讯报》（*The Daily Telegraph*），伦敦：2004 年 11 月 17 日。

奥维茨在迪士尼只待了 14 个月。[①] 20 世纪 90 年代，罗伯特·霍顿（Robert Horton）在石油巨头英国石油公司（BP）担任董事长兼首席执行官也不过仅仅 3 年。霍顿引人注目地展示出自己令人生畏的才智，有时却显得傲慢自大、自命不凡。在公司战略方面，霍顿所做的显然正是公司所急需的事情，可他却无法带领团队完成使命。他过于专制的风格在英国石油公司的礼貌文化中根本行不通。他无法顺应情境，因此无法说服人们跟随他的脚步。

宝洁公司（P&G）的杜克·雅格（Durk Jager）是另一个知名的失败案例。评论家们指责他妄图"大幅度迅速地"改变现状。他在宝洁撑了不到 18 个月。沃伦·本尼斯曾经对雅格的继任者艾伦·G. 雷富礼（A.G. Lafley）进行观察研究："乍一看，雷富礼似乎背离了雅格对于'扩展和速度'的承诺，但事实上，雷富礼已经做到了雅格所说的彻底改变，其中包括走出公司去寻找新的想法，这与宝洁一贯秉承的'内部发明'理念背道而驰。那雷富礼是如何做到的？'我没有任何攻击行为……我不会对宝洁的员工加以指摘……我保留了公司的文化核心并带领大家共同实现目标。我带着他们一起做出改变，而不仅仅是让他们去改变。'"[②]

---

① 有关该话题相关问题的有趣讨论，参见《泰坦之争：当高层管理人员同团队存在矛盾》（*Clash of the Titans: When Top Executives Don't Get Along with the Team*），Knowledge@Wharton 网站。

② 沃伦·本尼斯，《领导者的七个阶段》（*The Seven Ages of the Leader*），《哈佛商业评论》，2004 年 1 月刊。

雷富礼的领导能力展示了一种对情境加以解读并充分顺应情境的技巧——最终获得牵引力并实现变革。

但重要的不仅仅是高层人士的顺应认同。在纽约市里，我们最喜欢的一家酒吧任命了一位新的酒吧经理。他对工作人员过于散漫的态度很恼火，因为他们在给老顾客结账时总是会花很长时间。他认为装饰和灯光也不够高档。他想立即改变这一切，却导致顾客们都成群结队地离开，没过多久，店主则不得不出面干预把他赶走了。

光猪六壮士（The Full Monty）

问题在于，谁能很好地对组织机构加以解读？他们又是如何发展这一技能的？很显然，一些领导者之所以能够直观地对周围态势加以解读，这在很大程度上是依赖于多年身处不同情境之下所积累的经验。他们发展出一种智慧，这意味着他们的洞察力并非来自概念模型，甚至不会依赖概念模式指导自己进行干预。但是，在组织机构关系的基础之上是否存在能构成变革的通用原则呢？我们认为是存在的。我们的咨询工作表明，许多人找到了可以改善他们的情境解读能力的模型。

我们开发出一种能够解读组织机构情境的方法，这种方法的基础是将组织机构视为社区的观点。我们的模型中大量借鉴了经典社会学，其中存在两种关键的文化关系：社交性与团结性。①社交性主要是指个体之间的情感关系，这些人会视彼此为朋友。他们常常分享想法及价值观，并会平等地进行交往。从本质上讲，社交性代表一种出于其自身原因而受到重视的关系。尽管可以通过其他形式的交流来维持，但它往往是通过面对面接触作为开始，其特点是能在很高程度上相互帮助，却并未附加任何实际条件。

相比之下，团结性则描述了个体与群体之间以任务为中心的合作。它并不依赖于亲密的友谊，甚至也不依赖于个人之间的私交，也不需要持续。团结性只出自对共同利益的感知——当这种感知出现时，团结性便可以产生强烈的专注。

虽然这个讨论可能有点抽象，但社交性与团结性的关系真实地存在于我们周围，在我们的家庭里、体育运动队、社交俱乐部以及社区之中。可以说，正是这种普遍性首先引起了早期社会学家们的注意。实际上，我们都对这些关系感兴趣并且受到它们的影响。例如，当你让人描述他们心中的理想家庭时，他们通常会告诉你，那是个家庭成员们喜欢且彼此热爱（社交性）的家庭，一个能在困难时期团结在一起（团结性）的家庭。

许多通俗小说、戏剧和电影都会涉及其中一种或是这两种关系。例如，电影《光猪六壮士》（*The Full Monty*）中有这样一个情节：在结尾戏剧性的脱衣舞表演中，这群情绪低落的失

---

① 这些概念在埃米尔·杜尔凯姆、卡尔·马克思、马克斯·韦伯以及格奥尔格·齐美尔等人的著作中均有所体现。

业男性从消极的人际竞争关系中挣脱出来,达到了(男女之间的)友谊与团结的高潮。想想经典电影《四个婚礼和一个葬礼》《铁面无私》《虎豹小霸王》,甚至《教父》中核心人物之间的高度社交性与团结性吧。

增强社交性

对于组织机构中的领导者来说,社交性与团结性都具有一定优势。但是当我们在实践中运用这些概念时,我们意识到每个概念都有其积极与消极的一面。比如社交能力,它的好处便是明确而清晰的。

在高度社会化的文化中,人们享受自己的工作。我们很早便知道,当人们感觉自己的工作是种享受时,往往更具有生产力。[1]同时,社交性有助于创新。通常,创造力是由分享半成品的想法所激发,并经过辩论与杂交融合过程的培养,其中杂交融合往往是一种计划外的方式。这就解释了为什么我们可以谈论艺术或科学运动。个体聚集在一起,在一个友好、互助的环境中共同分享。

最后,高社交性工作场所的特点是人们为彼此而努力工作。

---

[1] 参见维克多·弗鲁姆《工作与激励》(*Work and Motivation*),纽约:威利出版社,1954 年;R.D.普里查德《组织生产力》(*Organizational Productivity*);马文·D.邓尼特与莱塔·M.霍夫编写《行业与组织心理学手册》(*Handbook of Industrial and Organizational Psychology*)第二版,加州帕洛阿尔托:咨询心理学家出版社,1992 年。

你会听到此类对话："对不起，我今天要晚些回家——我要帮比尔完成明天的报告。"我们越来越确信工作中的社交性具有种种好处，特别是在创新成为当务之急的情况下。

然而，同样明显的是，工作中的社交也有其不利的一面。我们可能会倾向于去纵容那些被我们视为朋友的人。当然，我们对一个人的了解越多，便越有可能将其视为朋友。正如乔治·霍曼斯（George Homans）曾颇有见地地指出："如果你能和一些古怪的老人在一起待上足够长的一段时间，你也会喜欢上他们的。"[①]

社交性会导致放纵与妥协。但或许拉帮结派的过程更为阴险。小团体会抑制变革的发展并扼杀领导者激励组织机构的意图。在我们曾合作过的一家金融服务公司里，经常会有员工告诉我们，公司被一个名为"兄弟会"（the brotherhood）的影子集团所控制。"我们怎么知道他们是谁呢？"我们问道，"当你遇到他们的时候你自然会知道的！"我们收到了善意的提醒。这个小集团是否存在无关紧要。但人们相信了它的存在，这在很大程度上说明了这个组织机构的文化。

类似的小团体形成过程同样抑制了高科技公司的发展前景，这些公司试图超越创始人的愿景以及原有成员之间的紧密联系。高社交性文化无论是在其积极还是消极方面都会给领导者带来重大挑战。

---

① 乔治·霍曼斯，《人类群体》（*The Human Group*），伦敦：Routledge and Keegan Paul 出版社，1951 年。

团结性

同理，团结性在组织机构的文化中也具有相当大的优势，但它消极的一面也给领导者带来巨大挑战。第一个优势是注意力的高度集中。此外，这种对于可被量化的清晰目标的专注可以被迅速调动。在高度团结的文化中，对共同利益达成共识便会产生迅速、有针对性的行动。这种及时对组织机构加以部署的能力显然是绝佳优势。事实上，战略思想家们过去常会提倡这种模式，认为这是一个成功企业的本质。[1]

然而，即便是团结性也有其负面影响。这一点看似有些矛盾，但可能会产生极大的破坏性。问题在于：当组织机构表现出团结性的某些消极方面时，很可能会以极高的效率犯错。他们会以完美的步伐共同迈下悬崖。套用 20 世纪 90 年代的说法，组织机构的成员按要求"只管做"，而不会考虑任何更广泛的影响。这些组织机构无法容纳异议。你必须适应，不然就离开。领导者可能会发现自己的周围保持着高度一致，这对于组织机构来说是个糟糕的指标。这种对一致性的过分强调使领导力变得艰难。

第二，团结性使各组织机构倾向于高度的工具主义。当你

---

[1] 这一点得到例证，例如，加里·哈默尔与 C.K.普拉哈拉德于《竞争大未来》（Competing for the Future）一书中概述的战略意图的概念，波士顿：哈佛大学出版社，1994 年。

就一些尚未成形的想法征求意见时，同事们可能会说自己太忙了而无暇顾及。更糟的是，他们可能会问你："这对我有什么好处？"更有甚者，他们虽然没有说出口，却会在心里盘算："我为什么要帮助你？我们是竞争对手。"第三，团结性可能会围绕职能或是部门利益，以消极的形式将人们联合起来，这样个体便会通过营销、金融、生产或研发的视角来看待世界，而并非从组织机构的整体利益出发。随着各种派系的产生，争端也随之出现。同样，要缓和这种高度团结的消极形式，对于领导力来说是相当大的挑战。

我们将这两个概念加以对比并构成双S立方体，如图5-1所示。[①]

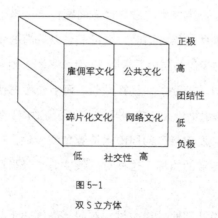

图 5-1

双 S 立方体

① 该模型在罗布·戈菲与加雷思·琼斯所著《企业特质》（*The Character of a Corporation*）第二版，伦敦：Profile Books 出版社一书中得到完善。

四倍体文化

我们将组织机构文化分为四种基本类型，每一种都分别具有积极与消极的一面。网络文化呈现出高度社交性，但团结程度相对较低。它们的特点通常是和睦友好且具有家族精神。网络文化包含与工作相关的重要社交活动，而这些活动可以保持并扩展友谊模式。社交性往往会通过社交与体育俱乐部延伸至工作场所之外，这些场合通常会让整个家庭都参与进来。

网络文化也呈现出许多负面表现。其中包括拉帮结派；可能会演变为危险言论或是八卦机器的非正式信息交流；高谈阔论却鲜少会落实在行动上的融洽会议；以及最为重要的，是为了留下好印象而将过多精力投入在组织机构的办公室政治中，特别是高级管理人员更是乐此不疲。人们往往过多地强调要力争上游，而不是将重点放在追求管理结果上。

与之形成鲜明对比的是雇佣军文化，这种文化显示出高度的团结性以及低社交能力。拥有这种文化的组织机构往往具有一种强烈的竞争意识以及获胜的渴望。赢被认为是一场零和游戏："我赢——你输。"共同的价值观是建立在竞争性个人主义与明确的个人成就目标之上。而合作行为则是只有在利益可以被明确加以衡量的前提下才会发生。具有典型雇佣军文化的组织机构中，高效率的团队合作被形容为是"列队飞翔的雄鹰"。

这种文化能催生出强大的商业企业，却同样存在着需要多加考虑的负面因素。将关注点聚焦在明确可衡量的方面，这就意味着会忽略掉一些同样重要却难以被衡量的问题。内部竞争可能随处可见。对于知识型企业来讲，可能最具破坏性的便是组织机构内部情感淡漠，导致心理契约脆弱，同时还伴随着失去核心成员的风险。

碎片化文化——缺乏社交性与团结性——虽然并不常见，但这种文化在某些情境之下可以存活并蓬勃发展。例如，以外包业务、在家工作或是个人专业知识为依托的企业可能便以碎片化文化为主。这些文化赋予个体的自由可以产生实质性利益。可以参考拥有自主权的大学教授或是律师事务所的高级合伙人，以及他们由此产生的创造力。但如果滥用自由，碎片化文化便会出现自私及隐秘性行为等特征。即便是尝试开会等简单合作，也会被许多个体出于各种私人理由而推托无法成形。

最后，公共文化对于社交性与团结性都很看重。表面上看，公共文化兼具这两个方面的优点。它们的吸引力在创新型高性能企业中受到一致好评——参考苹果、微软或是 Ben and Jerry's（美国冰淇淋品牌）等公司案例。这些公司对一项事业满怀激情，员工们在紧密团结的氛围中共同工作。当这样的公司处于最佳状态时，其所信奉的价值观便会同真正的实践展现出高度一致。

但它们同样可能会受到成功悖论的影响。实际上，他们开始认为自己无懈可击。轻易认定竞争对手或客户是"错误的"，价值观或原则超出了其实际意义。在20世纪80年代与90年代初，IBM 公司遭受了公共文化负面所带来的影响。颇具讽刺意味的

是，苹果公司这一削弱了 IBM 地位的后起之秀后来也同样开始
自鸣得意。

冻结、取悦、梳理

领导者在这些基本的组织机构文化模型中行动。事实上，
在独立的组织机构个体中总会存在着显著的亚文化差异。例如，
我们可以参考公共文化研发团队与典型的雇佣兵文化销售团队
之间的区别，后者必须将自己开发的产品销售出去。高效的领
导者不但善于适时并恰当地展示出他们个性中真诚的一面，他
们也同样善于适应个体、团队以及组织机构的情境。

问题来了，如果领导力要求做真实的自己，领导者为什么
还要费心去适应情境呢？答案是，那些成功做回真实自我的领
导者这样做是出于一项重要的告诫：自相矛盾的是，他们可以
在一定程度上接受顺从。他们是真实的，他们能利用自己的内
在差异，但他们同样可以足够顺从组织机构文化的约束来完成
工作。

我们所研究的领导者能够理解组织机构文化，并能足够顺
应而被内部人士所接受。最重要的是，他们的做法并不会对本
真性造成影响。他们以一种参与其中并在必要时对现有文化表
示出尊重（或者至少是容忍）的方式，使本真自我适应于组织
机构的情境。几十年来，在以男性为主导的管理阶层中，许多
女性高管都对这种微妙的平衡方式十分熟悉。有时对于某些（无

法接受的)男性准则在早期便进行公开对抗是很有必要的。然而，同样地，一些女性也能够接受对于女性的负面刻板印象（养育者、引诱男人、秘书、铁娘子等），并将这些转化为自己的优势。但这一切的前提都是要做到保持健康的角色距离感以及对于最终目标的坚定不移。但一些女性却能通过足够顺应形势而生存下来，并获得牵引力，最终实现更为长远的改变。

历史上与之相似的人物是亚历山大大帝，他以能宽容接纳诸多传统而闻名，而这些传统则来自那些被他所征服的民族。这也意味着他更容易被接受为统治者。同样地，罗马帝国的地方统治者也以能够对自己所占领的地方的风俗习惯加以包容而闻名。①

从现代组织机构的意义上看，如果无法做出必要的调整，可能会导致组织机构文化对领导者产生排斥，甚至领导者根本无法参与其中。而与此同时，过度顺应也会招致危险。这可能会使领导者失去本真性——被本土化。那么，高效的领导者该如何实现这种平衡呢？

在领导岗位上保持本真性的人能够通过自我表露来展示自己，因为他们知道自己来自哪里。他们在此落地生根，他们知道是什么造就了自己。但仅有这些是不够的，在我们的一生中会面临许多新的情况，这些情况通常都与我们的原生环境差距

---

① 这些以及其他历史示例在约翰·阿戴尔所著《激励性领导力》（*Inspiring Leadership*），伦敦：索罗古德出版社，2002 年一书中有所讨论。

甚远。高效领导者能够妥善处理这些新的情况，他们不仅对自己的出身感到舒适自在，而且对于生活带来的变动也能轻松适应。

当然，我们都对人的起源抱有兴趣。我们知道这有助于我们更好地理解他人。对那些能塑造个人的因素加以了解可以使我们更好地处理同人们之间的关系。多年来，我们一直同美国一家化学公司的一位明智的高管进行合作。他在同团队新成员开始对话之前会先提出一个请求，"告诉我你是如何成为现在这个样子的"。他对于能够解释我们是谁的一系列复杂因素有着近乎永无止境的兴趣。

我们对这一过程的理解，最初是通过观察社会流动性对高管（主要是男性）的影响而产生的。通过我们在商学院和咨询公司所做的工作，以及在组织机构中的直接参与，我们建立了一个模型，以此来解释个体在组织生活中的社会流动经历以及他们对社会流动所做出的不同反应。我们称之为冻结—取悦—梳理模式。

有些人对于自己的目标是如此敬畏，以至于冻结——失去了当初引领他们实现目标的领导特质。另一些人则试图效仿新社会背景下的文化习俗：取悦新社会背景。这些人同样失去了领导能力。最高效的群体是那些既能保留自己的本真性，又能针对新的社会环境做出一些文化调整的人。换句话说，他们会加以梳理，既保留本真性，又会在掌握足够的新情况下做出行为以便能够高效运作，最关键的是以此来实现他们的目的。

该模型的核心概念是文化资本这一观点。这一想法源自法国社会学家皮埃尔·布迪厄（Pierre Bourdieu）所做的研究。[①] 他认为，正如社会中的社会群体对于物质资源有着不同的获取途径，获得最理想文化形式的途径也是定量的。因此，在艺术、文学、教育、时尚和饮食等方面，占主导地位的社会群体能够使他们对文化的定义成为最受追捧的。他们甚至会以这种方法来筛选出那些缺乏这种文化资本的人。

这是个复杂的论点，但我们已经有过多次见证了。当个体在组织机构中流动时，他们会接触到占主导地位的文化资本形式。有些人能够处理，有些人则不具备这样的能力。下面的例子当然是匿名的，但却是基于第一手观察资料。

发展冻结

比尔是一位优秀的电气工程师。最初他是一名见习电工，他所任职的宾夕法尼亚州一家大型公用事业公司很快便发现了他的能力，于是他所在公司的人力资源部说服了他（的确费了一些功夫）上大学，公司资助了他学习电气工程。起初，他觉得上大学很难。他身边的人都来自不同背景，其中包括许多来自其他国家的学生。然而，他学习努力，他的聪慧也很快引起

---

① 皮埃尔·布迪厄，《区别：对品位判断的社会评论》（*Distinction: A Social Critique of the Judgement of Taste*），波士顿：哈佛大学出版社，1984 年。

了老师的注意。这为他在同龄人之中获得了尊重，尤其是他总是愿意帮助那些能力不如自己的人。

比尔以优异的成绩毕业，受到大家的热烈欢迎。现在他已经和青梅竹马的恋人结了婚，过着幸福的生活。我们第一次见到他时，他所在的公司刚刚认定他是一位颇具潜力的年轻高管。我们与他一同工作，并在工作中看到了他的潜力。他努力提升自己的战略能力，运用自己良好的、十分妥帖的人际关系技巧迅速地在组织机构中获得晋升。他的工作经常会涉及项目管理技能，他逐渐适应组织和领导团队。他的技术能力和坦诚直率是他最为突出的领导品质。

当他被调到公司总部，为公司中一些最高级别管理人员担任顾问时，情况开始转变。人力资源部门的考虑十分合理，这是在为他日后担任主要领导职位而做准备。但总部具有很强的政治性。比尔发现自己说话直来直去的风格很容易出现不和谐音符。他开始得到反馈，但他却并未完全理解情况的复杂性，此时的他本应扩大自己的影响力范围，但他却开始严重怀疑自己的能力。比尔试图对自己的直率加以抑制，可他永远无法模仿上司的政治行为。他开始觉得迷茫。

我们看到他又重新回到了原来的队伍中——担任一个重要的领导角色。我们原以为他会做得很好，但比尔的自尊心受到了打击，他越来越受到自我怀疑的困扰。或许他应该坚持做一位优秀的工程师；或许这种领导力的东西并不适合他。当他试图去解读政治时，他的行为越来越摇摆不定，优柔寡断；而当他想努力寻找自己过去的那种直率时，又会突然彻底爆发出攻击性。

他还在那里，可能不会再有进一步的发展。他已经失去了有技巧地做自己的能力；他完全被冻僵了。他发现自己置身于一个无法再做自己的社会环境中。

焦虑性取悦

下面我们来看看同比尔的经历截然不同的格雷厄姆。我们第一次见到他时，他是波士顿一家快速消费品公司的一名精力充沛的销售人员。他过去是，现在也仍然是一位非常高效的推销员，尽管他采用的是一种相当老式、咄咄逼人的方式。有些人觉得他很傲慢无礼。当他同我们分享对于运动所抱有的热情时，我们总是会相处得很好。他对小型啤酒厂的复兴感到高兴，并乐于将自己的最新发现同我们一起分享。他显然非常聪明，但对于他所从事的那种相当礼貌的社交文化来讲，他的性格有点过于活跃和直率了。我们觉得他精力充沛的领导风格正是领导力所需要的，至少对他工作的组织机构的某些部门来说是这样，因此我们劝说人们给他一个成长的机会。

格雷厄姆从销售转做市场营销，之后又一度进入工厂的生产岗位，然后又回到高级市场营销岗位。我们对于这种转变感到惊讶。他不会对组织机构文化舒适的社交性加以干涉，反而似乎是这种文化的例证。他的演讲变得细致入微，他在陈述自己的观点前也会经过再三斟酌。我们发现他在努力维护现状，他还注意到我们一直坚持的组织机构议程变革不过是想将其稍作简化。他甚至表示，自己宁愿待在总部安静的走廊里，也不愿置身于喧嚣吵闹的市场中。我们也问自己，这还是同一个人吗？他确实变了；我们试着和他谈起棒球，可他的运动激情现在已转向航海和在落基山脉滑雪。

当然，这些变化解释起来并不简单。一种观点认为，格雷厄姆变得成熟了，他的新功能性经验以及对公司核心的接触使他对公司面临的问题有了更深层次的了解。而我们则有着不同观点。在他试图融入占主导地位的企业文化的过程中，他恰恰失去了能让自己在组织机构中成为变革领导者的最重要特质。在取悦他人的过程中，他失去了自己曾经在领导岗位上高效利用的个体差异。

这两个例子——一个是"冻结"，另一个是"取悦"都表明，颇具才能的高管在组织机构的晋升过程中，会部分失去其本身具有的率真。但这一过程并非一贯如此。

凯文在一家大型酿酒公司工作——事实上，是世界上最大的酿酒公司之一。他是位痴迷于酵母的科学家，而酵母对于一家酿酒公司来说是极其重要的物质。他很害羞，性格内向，尽管在对酵母的了解和兴趣方面很少有人能比得上他，但他与其他科学家的关系都很好。所有和他一同共事的人都对他的才智、他对公司的忠诚，以及他对公司产品的热情表示认同。他对这门学科怀有一种与生俱来的热情——至少在研究领域可称得上是一笔可观的领导财富。

凯文在新产品开发中对于酵母的成功运用使他在组织机构中受到了更广泛的关注。他得到了产品开发方面的晋升职位。在这里，他的同事主要来自营销部门。在酿酒行业中，这一职位通常是由活跃的外向者主导，他们的兴趣通常包括运动和消费他们的啤酒产品。

在这个新环境中，凯文却显得有些格格不入。他变得孤独和内向。为了彻底改变新产品开发过程，他需要接近那些了解市场调研功能和控制营销支出的人。这是一个他根本无法掌控的环境。凯文开始对同事们热情洋溢的行为感到反感。反过来，同事们则认为他是个相当无聊的强迫症患者。由于凯文无法获得足够的社会资本来与同事进行交流，他的职业生涯陷入停滞，他心生去意。

梳理真实性

最后一个例子要积极得多。这是我们以前一个学生的故事。她聪明勤奋，深受同学与老师们的喜爱。萨拉来自英国的某个地区，有着与众不同却很难被称为时尚的口音。我们的一些同事认为，在顶级商学院 MBA 炙手可热的就业市场上，她可能会因口音而受到影响。无论如何，她决定不从事咨询或投资银行等行业，这是许多雄心勃勃的同事最青睐的职业。相反，她在一家受人尊敬的快速消费品（fast-moving consumer goods，

FMCG）公司找到一份工作，她的营销才能在那里得到了提升。

一切似乎都很顺利，但日益国际化的工作对旅行的需求开始让情况发生转变。她不得已才决定跳槽到一家顶级猎头公司。我们一直保持联系，因此可以看到她的领导能力是如何成长的。萨拉抓住每一个机会来提升自己的能力，我们一直从旁观察（不得不自豪地说），很明显，她完全有机会管理这个组织机构的一个主要部门。她的举止发生了微妙变化。她总是有一种平和的力量，但又平添了一种庄重的感觉，严肃却并不浮夸。

她轻易地融入了一个由重要董事组成的世界，几位首席执行官均视她为值得信赖的顾问。萨拉在工作中所付出的努力显而易见，这让她在这个世界上变得有价值，并为人所接受。但她从来没有丢掉真实的自我。她的口音还在，但经过多次旅行之后，口音已经变得柔和，却仍然与众不同。她在市中心酒吧里开心的样子和在豪华酒店休息室里没什么两样。事实上，她经常会带人们去那些出乎意料的地方，尤其是当她想要收集信息的时候。很明显，无论是在她的员工中，还是在行业内，她都被视为一个活生生的人，有着工作之外的生活。与此同时，对于那个自己必须运作于其中的相当罕见的社会环境，她已经足够适应。同所有的高效领导者一样，她的循规蹈矩足以确保她的影响力以及目标的实现。但她也将自己个性中活泼嬉闹的部分保留下来。这的确是她，但她似乎在看着自己，并为自己的成功而欣然微笑。那些被她领导的人有时会颇有见地地说，尽管萨拉个性开放，但她仍然有着些许神秘。

足够顺应

萨拉充分展示了"取悦"的方法。她已经意识到对于领导力来讲，仅仅具有本真性是不够的。高效的领导者既能应对挑战又会顺应时势。他们奉行根深蒂固的原则，但也会妥协。他们牺牲自己的时间与精力，却仍然会保持一定程度的角色距离感。他们坚决不分层级，却善于利用等级制度。

以大型食品和清洁剂公司联合利华（Unilever）前联席董事长尼尔·菲茨杰拉德为例。菲茨杰拉德清楚地知道如何在一个复杂的、高度网络化的国际文化中运作。他具有出色的人际交往能力，有着爱尔兰人的独特魅力，有时会非常迷人。他了解到，粗暴的领导风格在联合利华的公司文化中不受欢迎，因此他可以与最优秀的员工闲谈，在聊到业务问题时分享并收集个人信息。多年来，他在这个全球巨头中建立起一个复杂的社交网络。这让他能够在联合利华的文化范围内完成的工作，往往超出了正规办公系统的范围。

菲茨杰拉德似乎已经完美地适应了这种网络化的文化。但是不要被表面现象所蒙蔽。菲茨杰拉德与他的同事安东尼·伯格曼斯（Anthony Bergmans）共同制造了一场翻天覆地的变革。其中包括削减品牌组合、专注于增长、收购百富（Best Foods）品牌，总的来讲，为公司发展带来一个更为明确的业绩焦点。这是个艰难的过程，结果尚未可知。但无论最终的结论是什么，如果他无法谨慎利用自己对于公司文化的了解——无论是积极的还是消极的表现，这一切都不会实现。

正如他为了能够完成工作而建立起一个社会关系网络一样，菲茨杰拉德还找出了那些阻碍变革实施的消极网络。他了解沉默的敌人，也了解热情的追随者。他完全有能力"肃清叛徒"。因此，他既保持了自己对联合利华愿景的完整性，又适应了公司文化的关键需求。菲茨杰拉德仍然是他自己，对联合利华的未来有着强烈而又引人注目的观点，但他也意识到，联合利华复杂的社会结构对于任何希望在这种文化中发挥领导作用的人都具有重要意义。

必要的领导者

同样，比尔·伯恩斯具有感知网络化组织机构环境的全球性能力。在罗氏欧洲，还有美国以及日本的业务往来中，他敏锐地意识到文化调整的必要性。正如他坦承的那样，他需要在加州的基因泰克业务中采取不同于日本合作伙伴日健中外制药有限公司（Chugai）的做法。但是，尽管在做法上有所转变，但他的关注点始终是要在被他称为"可识别带宽"的范围内进行行动与沟通。比尔和他的同事进行交谈，所有人都立即对他的热情、体贴与果断，以及他对于产品性能细节的敏锐观察力表示出赞赏。

葡萄牙最大的电信跨国公司苏纳伊的总裁贝尔米罗·德·阿

泽维多〔Belmiro de Azevedo〕在一个截然不同的组织机构中负责公司运营。贝尔米罗完美体现了该公司"不想做领导就出局"的精英文化。

阿泽维多已经六十岁出头，仍然会打壁球和踢足球，并且定期在公司的健身房锻炼身体。他十分了解在这种文化之中该如何表现：知道你的号码，从来不会在没有深刻理解底层措施之前发表意见，能够做出艰难决断，无论是关乎业务还是员工。这一切让他听起来显得生硬而疏远，但这是对他的领导风格和他本人强烈的个性以及真实性的误解。每年他都会和朋友们回到故乡——葡萄牙北部美丽的杜洛河谷。这是一种庆祝方式，纪念他来自哪里的庆祝，以及是什么造就了他。其中包括去他父母居住的乡村旅行，品尝当地美食，跳传统舞蹈——所有这些都在友谊与欢乐的气氛中度过。这非常人性化。贝尔米罗知道如何在苏纳伊取得成功，但他也从未忘记自己的出身和人性。

在珍·汤姆林担任零售商玛莎百货的人力资源总监期间，她的目标是要在一种长期、紧密，并且相当传统的公共文化情境之中保持自我。这是一种需要在行为与价值观层面上达到历史性高度一致的文化。她所面临的挑战是要信守自己在应对激烈竞争时做出改变的承诺，与此同时，还要例证并实践组织机构的核心价值观。这意味着她会在公开场合认同核心价值观以及当前的活动方向。

珍告诉我们，在任何一份新工作中，她都会计划在最初的三个月里只向员工展示自己的 50%，甚至能做到一步步逐渐展示自己。在面对面交流中，她的目标是发起她所谓的"真诚对话"，旨在"打破表象"。在这些会面中，她看到对手的骄傲自满与"门徒主义"——毫无条件地追随着领导者。这概括了在这种文化中所面临的领导力挑战。一方面，是要挑战成为组织机构核心价值观的热情倡导者，另一方面，保持一定程度的临界距离。作为一名英国黑人女性，珍·汤姆林强调了这种平衡。她帮助公司度过了一段艰难的变革时期，这一过程仍在继续。但可以说，在一个历史悠久的公共文化中实现变革是最困难的挑战。随着玛莎百货面临来自股东以及潜在收购者的持续压力，珍继续大步向前。她周围的情境再次发生改变，正如我们一再强调的，领导力总是会让个体面临个人风险。

无与伦比的你

这些问题不是保守的组织机构或错综复杂的跨国公司的专利。在苹果、惠普和强生等其他公共文化公司，或电脑游戏开发商艺电等规模较小、极具创造力的公司，都可能遇到类似的领导力挑战。

例如，在欧洲的艺电公司，大卫·加德纳（David Gardner）的继任者格哈德·弗洛林（Gerhard Florin）面临的挑战是，如何在保持公司强大的员工价值观的同时，在竞争激烈、瞬息万变的市场中巩固公司的商业价值。作为一名前麦肯锡咨询公司的德国人，弗洛林的形象与加州的艺电战士加德纳截然不同。

显然，格哈德不是大卫，他必须利用自己独特的优势来推动公司向前发展。但与此同时，他必须谨慎地尊重艺电强大的团队合作、创造力和个人自由的文化价值观。他知道，没有这一点，他不太可能获得变革所需的动力。

在专业服务公司，主导文化往往是个性化和碎片化的，领导的挑战再次不同。以普华永道英国业务恢复服务部门负责人伊恩·鲍威尔（Ian Powell）为例。这家在全球市场处于领先地位的公司在英国有 45 个合作伙伴。他们所有人都是通过自己的前沿技术知识、交易制定或创业技能取得成功的。最好的情况是三者的结合。

鲍威尔非常希望改变这种文化——建立强大的人际关系和明确的绩效重点，以便企业能够利用交叉销售机会、共享知识和提高创新水平。为了做到这一点，他开始了一系列的组织机构发展活动。但首先，他必须建立自己的领导资历。

在这种情况下，这需要向他的合作伙伴证明，他个人能够赢得并交付"大案子"。例如，在与上海汽车公司（Shanghai Automobile Company）的交易破裂后，他曾担任罗孚 /MG 集团（Rover/MG Group）的破产管理人。他必须证明，他的内部联系，尤其是外部联系，对企业非常有价值。即使他开始改变这种文化，他作为一个"好猎手"的合法性也在不断增强。此外，他还举例说明了他希望融入文化的新行为。他指导、建立团队——他是非正式的，而且不是等级分明的——更像他真实的自我，如果你愿意这么说的话，但他从未忘记，必须充分符合一家高性能专业服务公司的特定文化。

就像专业服务公司一样，博物馆通常由高度个人主义的专家主导：策展人、科学家和研究人员。因此，他们的文化可能是支离破碎的，由相当私人的，最糟糕的是自私的行为所主导。刚被任命为大英博物馆副馆长的道恩·奥斯特威克（Dawn Austwick）在抵达时发现了一些令人震惊的东西。"人们习惯于被忽视。他们会从你身边走过而不看你一眼。我和新导演尼尔·麦格雷戈（Neil McGregor）特意向每个人微笑着说声'你好'或'早上好'。人们对此却惊讶不已！"

面对 600 万英镑的赤字，道恩和尼尔·麦格雷戈不得不尽早面对一些规范，不仅仅是社交上的客套话。但她很小心，尽量不让事情改变得太快。"这个博物馆充满了仪式和传统。在过去的 250 年里，保管委员会每个月在星期六开会一次。桌子的中央是那把狼牙棒。在这些符号的旁边，还有交织在织物中的专业知识和质量的重要价值。一些顾问可能会进来说，'把问题解决了'——但你不能一头扎进去，指望迅速解决所有问题。你不能发布命令。你需要知道该打哪些仗，什么时候谨慎行事，什么时候等待时机。"

在她之前的工作中，道恩是泰特现代美术馆（Tate Modern）的项目经理，这是当代英国公共部门最成功的故事之一。这项价值 1.3 亿英镑的项目一切都是从零开始。然而，正如道恩所认识到的，大英博物馆有着悠久的文化，如果要最终实现成功的变革和发展，至少在一定程度上必须尊重这种文化。博物馆的成本基础已经减少了 650 万英镑，2003 年至 2004 年公布营业盈余 170 万英镑。道恩和她的同事们现在正专注于下一步工作。

男性及女性牵引力

所有这些例子都表明，领导者有决心改变自己的处境，但也有能力通过充分调整自身文化背景的关键方面，获得足够的组织机构影响力。他们保留和表达真实的自我，但又足够顺从。正如沃伦·本尼斯所说：

你的最初行为可能会赢得人们的支持，又或者会招致人们的反对，而有时这些影响会是永久性的。这些最初的行为可能会对团队的表现产生长期的影响。因此，对于新手来说，低调进入几乎总是最好的。这为你收集信息和明智地发展关系赢得了时间。它给了你一个学习公司文化的机会，让你从那些已经在那里的人的智慧中获益……这表明你是一个领导者，而不是独裁者。①

领导角色的真实性不仅仅意味着做你自己。它还必须包括领导者各种角色之间的一致性和连贯性。关键的是，它需要一

---

① 沃伦·本尼斯，《领导者的七个阶段》（ *The Seven Ages of the Leader* ），《哈佛商业评论》，2004 年 1 月刊。

种舒适感，既包括我们的起源，也包括我们成为什么样的人，还有目的地，生活经历带我们去的地方。你可以把它描述为涉及意识（自我认识/意识）、连贯性（自我一致性）和舒适性（可以称为自我依据性）的真实性。但仅凭真实性是不够的。

也许我们所见过的最好的例子是日本公司中最早的女性财务总监之一。她是日本人，但在美国制药行业有着丰富的经验。她是一个了不起的变革领袖——将会计实践现代化，引入新的人才，扰乱公司高层之间一些舒适的高社交性关系——但她总是在社交场合恰当地扮演日本女性的角色。每个人都知道她可能很坚强，但为了实现自己的目标，她已经足够符合当时的社会规范。她的领导才能表现得非常微妙和娴熟。

为了让领导者对组织机构产生真正的影响，他们必须实现这种"牵引力"。他们必须以创造变革发生的可能性的方式参与到组织机构的生活中来。因此，在真实性的三个要素——意识、连贯性和舒适性之外，我们还要为那些想要做出真正改变的人增加第四个要素：必要程度的聪明的一致性。

>>> 第六章

保持适当的社交距离

高效的领导者能够唤起高水平的情感反应、忠诚和情感。他们能够同情他们所领导的人，站在他们的立场上，接近他们。然而，他们似乎也能传达一种边缘感，提醒人们手头的工作和集体努力的首要目标。这样一来，他们便能熟练地从近处移动到远处，然后再回来。他们能够接近自己的追随者，但矛盾的是，他们却保持着距离。①

里克·多比斯在音乐界以他所激发的忠诚，甚至是爱而闻名。多比斯很少失去任何他想留住的高管。他的人民珍视他们与他之间的亲密关系，以及他对他们出色工作的赞扬——这种赞扬来之不易，而且更有价值。因此，当他的两名员工在伦敦参加一个全球营销会议时，多比斯就他们未能按时制订营销计划的问题，对他们进行了激烈的公开质询，这让他们感到有点震惊。他们在晚上高雅的鸡尾酒会上受到了更大的震动。当多比斯看到这两个人谈话时，他大步走过去，刻薄地问他们是否已经完成了计划。他们吃了一惊。他们以为这是一个放松的时间，但

① 除另作说明，本章引用的内容来自以下采访：罗布·戈菲于 2002 年 12 月在巴塞罗那对比尔·伯恩斯所做访问；加雷思·琼斯于 2003 年 5 月在纽约及伦敦对里克·多比斯所做访问；罗布·戈菲于 2003 年 4 月在弗吉尼亚对奈杰尔·莫里斯所做访问。

他们还是离开了聚会，毫无怨言地回到了办公室。

严苛的爱

其中一位作者在 20 世纪 90 年代与多比斯合作，有时是为他在宝丽金音乐公司（PolyGram Music）工作时，亲身体验了多比斯的治疗方法。里克曾经要求加雷思为东欧的公司准备一系列的服务合同。加雷思知道他上班要迟到了。所以当里克派人叫加雷思来他的办公室时，很明显会有麻烦。果然，他没有像往常那样说些客套话，只是说："合同签好了吗？"结果，加雷思直接回去工作了，合同在那天午饭前就完成了。治疗起作用了。加雷思并不怨恨。里克是一个优秀的经理，当加雷思不在他手下工作时，里克仍然是他的好朋友。

多比斯本人倾向于认为他的角色转换特征几乎是一种性格缺陷。"我知道我身体的一部分有一种倾向，就是会很快从非常积极的状态转变成非常消极的状态。"他这样告诉我们。有一次，有人甚至建议他需要双相情感障碍的药物治疗。不过，他认为，只要他的人际关系建立在信任、尊重和个人温暖的基础上，他的员工就能够应付得来。"当事情变得糟糕的时候。如果这是一段良好的关系，我可以在适当的情况下处理它，而不会觉得这段关系已经被破坏了。但我知道，我有一个问题是戏剧。"

事实上，里克·多比斯的"问题"是真正领导力不可或缺的技能。

制造距离

社交距离的概念起源于德国出生的社会学家格奥尔格·齐美尔（Georg Simmel）。在 20 世纪早期的著作中，齐美尔将社会距离理解为一种复杂的社会性解释，它既是一种几何意义上的距离，也是一种隐喻意义上的距离。[①] 在现代社会科学中，它越来越被视为衡量群体和个人之间亲密关系的尺度。反过来，亲密程度直接影响一个人对另一个人的影响程度。

我们有充分的理由相信，巧妙地管理社会距离，对领导者来说正变得越来越重要。例如，等级制度正变得越来越扁平化，部分原因是成本控制，但主要是为了加快对客户需求和市场变化的反应速度。层次结构一直不仅是结构设备，它们也是人类意义的来源。[②] 在稳定的等级制度中前进给人一种成为领导者的错觉。事实上，"懒惰"的高管依靠等级制度来建立社会距离，嫉妒地捍卫自己的地位特权，以此来确立自己的与众不同。[③]

那些日子已经过去了。领导者现在需要距离感来建立观点，以便看到可能影响组织机构未来的大事。同时也需要亲密感来

---

① 格奥尔格·齐美尔，《社交距离》，《格奥尔格·齐美尔所著社会学》，库尔特·H.沃尔夫编辑出版，纽约：自由出版社，1950 年；戴维·弗里斯比，《格奥尔格·齐美尔》，伦敦：塔维斯托克出版社，1984 年。
② 理查德·塞尼特，《性格的腐蚀》，纽约：诺顿公司，1998 年。
③ 鉴于我们一直坚持领导力是非等级制的，因此将正式职位作为个人差异是一个致命错误。

了解他们的企业内部到底发生了什么，他们不能依靠等级制度来提供前者。

这种在亲密和距离之间的运动就像一种舞蹈，领导者的动作和时间都是建立在精细的情境感知技能基础上的。这只是他们必须在领导层关系的核心不断做出和重塑的调整之一。任何领导人的平衡都在不断改变。这就解释了为什么风格理论不能确定最好的领导风格。

同样值得注意的是，正如民族文化会随着社会距离的变化而变化一样，组织机构文化也会随着社会距离的变化而变化。在喜力、联合利华或普华永道等社交能力强的企业文化中，领导容易产生距离感。同样，在玛氏（Mars）或宝洁等高度团结的企业文化中，过分强调个人的亲密和温暖而牺牲了任务的完成，也可能是有害的。

友谊与领导力

另一个重要的社会科学分支——以乔治·霍曼斯（George Homans）的研究为例——也与此相关。[①]这表明人类与那些他们认为相似的人更容易亲近。

当然，领导者不一定要和他们喜欢的人打交道，他们必须

---

① 乔治·霍曼斯，《人类群体》，伦敦：Routledge and Keegan Paul 出版社，1951 年。

能够在不同的环境中与各种各样的人保持社会距离。领导能力，总是意味着一些首要的或协调的目的，不是一场友谊竞赛。领导力之所以与友谊相似，只是因为领导者必须抛弃或隐藏一些分歧，以便为关系和团队建设奠定基础。但在那之后，是更高的事业给了领导者权力，让他们能够保持距离。

"亲密感"可以用多种方式来表达——总是根据情境而变化。在某些情况下，差距可能并不大。例如，想象一下，在一家小的、低等级的广告公司里，有着相似背景的熟练男性专业人士在一起工作，潜在领导者建立共同职业兴趣和个人同理心的空间可能很大。但在这种环境下，领导者面临的典型挑战是建立距离。

在其他情况下，挑战可能正好相反。试想一位美国女性在日本建立了一家零售连锁店。在这种情况下，至少在最初，很可能存在足够的社会距离，更大的挑战则可能是培养一种亲密感。在社会差异很大的地方，通过澄清共同的目标和利益往往能最好地实现认同感，而建立更多的"社交"形式的亲密关系可能更加困难，也许在文化上也不合适。

这里还有最后一个有趣的复杂问题。虽然社会距离的概念普遍适用于人际关系，但不同文化之间的亲密和距离的表现是不同的。在东京，亲密的外观感觉和在伦敦、纽约或班加罗尔将是不同的。这是使国际环境中的领导成为更大挑战的另一个因素。

亲密却不会过分亲近

亲密感有两个重要的好处。首先，它使领导者了解和理解他们的追随者——这是高效领导的重要前提。其次，亲密感可以让追随者对领导者有更多了解。我们通过亲近得以展示自己。亲近也为揭示弱点和优点提供了背景。

我们的观察表明，高效的领导者会抓住机会透露信息，但在其他方面仍然保持着有趣的神秘。它们揭示了个人差异和人性的弱点，但从来没有完全揭示出来。在这种背景下，情商的普及令人担忧。重要的一点是要意识到，我们的情感需要被隐藏起来。有时候，好的领导需要的是克制而不是表达情感。

距离带来不同的好处。主要的是，距离向追随者发出信号，表明领导者有一个总体目标。领导力本身并不是目的。回想一下理查德·赛克斯爵士谈论的 DNA 片段，或者约翰·莱瑟姆为所有学生创造积极教育环境的信念。还记得我们在第一章中介绍的波多黎各裔美国清洁主管玛西娅和她对清洁办公室的热情吗？她的追随者总是知道她的立场和他们在那里的目的。

作为一个合法的领导者，他总是有一个更大、更高的目标。建立距离使领导者能够基于这一总体目标的共同观点与追随者建立团结。当伟大的领导者巧妙地做到这一点时，他们是在追求一个目标：赚钱；建造美丽的建筑；根除人类疾病；制作伟大的电影。

有些人更偏好保持距离感

所有的领导者都有一种内在的，或者是天生的，对亲密感或距离感的偏好。

法国领导人夏尔·戴高乐（Charles de Gaulle）就是保持距离的典范。戴高乐认为，领导者如果没有声望就不能有权威，只有保持距离才能有声望。美国前总统理查德·尼克松（Richard Nixon）笔下的戴高乐："无论我什么时候见到戴高乐，无论是公开的还是私下的，他都表现出极大的，甚至是庄严的，尊严。他那坚决的态度给他一种超然的神气。当他与另一位他认为与他地位平等的国家元首打交道时，他有一定的从容风度，但他从不随意，即使是与他最亲密的朋友。"[①]

为了保持神秘感，戴高乐避免与同事建立友谊。他能接受的最为非正式的称呼是将军。据说，在一段时间后，为了避免熟悉，他调换了自己的私人员工。

戴高乐的领导哲学呼应了波斯传统，即在领导者和被领导者之间建立适当的距离。戴高乐在他的著作《剑锋》（The Edge of The Sword）中写道，这位领导人需要创造并保持神秘感。"首先，没有神秘就没有声望，因为熟悉会滋生轻视。所有的宗教都有他们的神龛，英雄在自己的仆人眼中也不过是普通人。在一个领导者的设计、举止和思维活动中，总有一些别人无法完

---

① 约翰·阿戴尔，《激励性领导力》，伦敦：索罗古德出版社，2002 年。

全理解的'东西'，这些东西让他们困惑，让他们兴奋，吸引他们的注意力……超然、性格和安静的人格化，这些品质是围绕着声望的，那些准备承担对普通人来说太重的负担的人。"[①]

小心跨度

格雷格·戴克的前任 BBC 总干事约翰·伯特（John Birt）也有疏远的倾向。这使他认识到广播的竞争环境正在发生变化，但他也发现亲密关系很难。于是他很快就与 BBC 自己的创意人才失去了联系，变得越来越依赖外部顾问。人们普遍认为伯特为人冷漠，无法与人交流工作。在尽职尽责地走访 BBC 运营部门时，伯特身穿着阿玛尼西装，只与部门主管交谈。

当伯特宣布对 BBC 进行彻底重组时，除了董事会、制定该计划的麦肯锡顾问和负责麦肯锡预算的人事主管之外，公司里的所有人都感到完全意外。该计划遭到内部反对，但外界普遍认为，重组将有助于 BBC 为迎接一个不断变化的世界做好准备。

伯特对距离的默认模式让他很难与 BBC 更广泛的管理人员和创意人员建立联系。他找不到一个可以公开的环境——让他真正的领导才能在他与这个小团体建立的（通常是相当痛苦的）社会关系之外发挥作用。

内向的人在公司高层的代表也有很多，他们中的许多人发

---

① 同前页。

现建立亲密关系是困难的，这使得这个案例具有更广泛的意义。①
内向的人需要时间来建立亲密关系和揭示差异，而时间是短缺
的。问题是，很多关于领导行为的文章都倾向于外向的人。我
们需要一个"内向者的领导指南"。

情绪性意外

可悲的是，有太多的例子表明，领导者过分强调自己的社
会距离。我们观察了北卡罗来纳州三角研究公园（the Research
Triangle Park）一家制药公司的研究小组组长。她被普遍认为是
一位才华横溢的年轻研究员，一位精力充沛的领导者，一个真
正的好人。她确实有温暖和亲密的天赋，但在与同事一对一的
谈话中，她会突然转换话题。她可以残酷地坦诚，这可能会造
成伤害，尤其是对她的长辈。她还没有掌握带宽的概念——一
个领导者必须在公认的、可接受的变化范围内工作的原则。她
对距离的转换是如此极端，以至于人们怀疑她讨人喜欢的特质
是否真的可信。②

其他领导人则对亲密关系不屑一顾。当他们进入办公室后，

---

① 约翰·W. 亨特，《职场人士管理》（*Managing People at Work*），伦敦：
麦格劳 - 希尔集团，1992 年。
② 这恰好是认知失调理论所预测出的效果。当两种或两种以上的行为、态度、
感觉或意见被认为不一致时，认知失调便出现了。当这种情况发生在领导人身上时，
他们的整体真实性便会受到质疑。

似乎会放下情绪，就像泰勒主义时代的工人被建议放下大脑一样。我们曾与纽约市一家奢侈品零售商的经理共事，她是一个真诚而热情的意大利裔美国人。但她凭借对结果的无情关注击败竞争对手，成功登顶。她的族人认为她孤僻、无情、难以共事，甚至还有点野蛮。我们向她展示了同事们的一些 360 度反馈，并表示如果她能在工作中更多地展示自己感性的一面，这对她来说将是一笔巨大的财富。"我把感性的一面留在家里。"她说。作为一个领导者，这个决定让她付出了沉重的代价。

她的案例说明了为什么情商的概念能引起高管们的共鸣。用丹尼尔·戈尔曼（Daniel Goleman）的话来讲，高效的领导者会利用自己的情绪来释放他人的能量。③ 当然，要"运用"情绪之前，你首先要了解情绪。许多在组织机构层级上步步高升的人被积极地劝阻，不要去探索他人的情感生活。有时影响是如此之深，以至于这些人几乎没有机会再重新建立起情感联系。因此，工作中流行着各种与压力有关的疾病也就不足为奇了。④

---

③ 丹尼尔·戈尔曼，《情商》，纽约：班坦图书公司，1995 年。

④ 在英国，健康与安全执行局将压力定义为"人们对施加在身上的过度压力或其他类型的需求所产生的不良反应"。在英国，大约有 50 万人因工作压力而身体不适。同样在英国，多达 500 万人感觉自己的工作"非常"或"极其"紧张。在美国，将近三分之一的劳动力感到工作过度或不堪重负。

时间的距离

一般来说，领导者通过管理会议情境来表示距离。他们的语言和举止是正式的，而不是放松的；他们确定空间是他们的；他们尽可能多地使用信号来强调他们的权威，并确保信号是一致的。

在交流层面，这可能意味着保持信息的简短、直接和命令式语气：避免动词的条件形式（could、should 和 might），使用主动句和人称代词。它也可能涉及使用沉默和删除会话的准备，旨在缓解社交场合。①

还有很多其他的方法来建立距离。呆伯特漫画（The Dilbert）中充满了这样的例子：永远关着门的高管、过度保护的助理、私人餐厅、高管洗手间、前门的停车位，等等。

虽然这些都可以被合理地模仿，但有时距离是必要的。当里克·多比斯面对两位拖沓的高管时，社交场合的温暖让他更加震惊，也更加有效。距离强调了这一信息。当领导者在处理管理绩效问题时，距离是有用的，通常也是必不可少的。

有时整个组织机构都需要面对它的问题，在这种情况下，领导者必须对每个人长期使用距离治疗。20 世纪 90 年代初，卡雷尔·乌尔斯汀（Karel Vuursteen）接任喜力啤酒（Heineken

---

① 在英国，这些话题多关于天气与交通。在美国是关于运动的，而在荷兰，出于某种原因，它们总是与咖啡有关。

breweries）首席执行官时就是这么做的。

当时，喜力是仅次于安海斯－布希（Anheuser-Busch）的全球最大的国际啤酒公司。但它的业绩一直在下滑，认为该公司的社交和家长式文化滋生了某种程度的自满情绪的不止乌尔斯汀一个人。当时我们正与喜力合作，进行一个项目，介绍"新的喜力精神"。它的目的是让公司更专注于市场，更进取，更有创业精神，更以增长为导向。

这在喜力随和的公司文化中很难推销。但是当乌尔斯汀开始在我们的研讨会上做演讲时，他得到了关注。他身材魁梧，大块头，性格外向，幽默风趣。然而，在他进入喜力的头几个月里，他完全拘泥于礼节，他谈话的目的都是震慑住这些高管们。他总会站在一幅画着鱼游在海里的背景图片前发表讲话。这些鱼被贴上各家啤酒公司的标签，其中一家便是喜力。在这幅画的边缘，有一对没有标记的巨大双颚。乌尔斯汀会就以这幅画上的鱼进行讨论，并描述它们的市场份额，不可避免的是，群体中有人会问，边缘上的大嘴代表着什么。他慢慢地走到那人头顶，平静而戏剧性地说："安海斯－布希。"（像卡雷尔·乌尔斯汀所做的，降低声调是许多领导者使用的一种有效的社交技巧。人们对于音调的变化非常敏感。）

考虑到喜力以家族为基础的所有权，可以肯定地说，公司里没有人担心过任何收购，但乌尔斯汀再建了10间独立工作室。在那之后，我们经常说，你能感觉到大家的心都揪在一起颤抖。从那时起，他们开始害怕起来。这正是他想要达到的目的。

乌尔斯汀保持着他的社会距离，直到他的员工都认为他们的世界比想象中更可怕。在接下来的十年里，喜力的营收、盈利能力、利润率和股价都持续增长，而乌尔斯汀逐渐将天平转向他的自然天性——亲近。他会在自助餐厅吃午餐，和员工们一起社交，成为派对的主角。喜力的每一位高管、经理或是员工都会告诉你他是一个多么伟大的人。他的确是，但你一开始可能想不到这一点。

增加客观性

　　当一个领导者想要在一个复杂的、多方面的问题上退一步寻求一个更好的视角时，距离也是必要的。领导者的工作是照顾组织机构中所有的利益相关者，如果领导者与他们中的任何一个群体过于亲近，就无法做到这一点。陷入复杂局面的领导者必须超越它，才能理解它。保持距离可能是看到全貌的唯一方法。

　　这是尼尔·菲茨杰拉德在担任联合利华首席执行官初期得到的教训。当时，该公司正在研发一种名为超强洁净（Persil Power）的新型洗涤剂，与宝洁公司极为成功的汰渍（Tide）竞争。只有一个问题：超强洁净在洗的衣服上洗出了几个洞。即使在联合利华自己的测试中，它也一直在这么做，但公司的开发团队不知何故忽略了这个事实。这个团队致力于这个项目，菲茨杰拉德决心支持他的部队。

就在推出之前，宝洁的员工实际上警告联合利华不要这样做。他们亲自对超强洁净进行了测试，发现它是如何摧毁衣物的，他们担心它的巨大失败会对宝洁自己的洗衣粉业务产生潜在的影响。联合利华的团队回应道，宝洁只是想破坏他们的产品发布，于是他们就这么做了。果然，新的洗涤剂把顾客衣服洗出了洞。这完全是一场灾难。

回过头来看，菲茨杰拉德知道，他犯了一个错误：与开发团队走得太近，让他的营销人员、投资者和公司声誉付出了巨大代价。"那是一个很受欢迎的地方，但我不应该去那里。"他现在说。他认为，领导力并不一定是和军队一起站在战壕里。有时你不得不爬上一座小山，观察整个田野。"我应该冷静而超然地站在后面"，他对我们说，"注意观察顾客。"

太近，太快

我们都曾被那些从一开始就对顾客直呼其名的滔滔不绝的销售人员，那些给顾客提不必要建议的过于友好的女服务员，或者那些吹嘘自己从未经历过的出色团队合作的公司新员工惹恼过。当亲密是不成熟或不真实时，此时必须要有距离。

我们认识一位年轻的 MBA 毕业生，他来自美国顶级商学院，三十五岁，很聪明。他一开始就深信社交是成功的关键。为了证明他是其中的一个男孩，他带着他的人出去喝酒，和他们一起喝醉了。他带他们去市中心的一家脱衣舞俱乐部。他和每个人都很亲密。后来，他发现销售总监年纪较大，一直在收受客户的回扣。总经理需要保持距离来处理这种情况，但到目前为止，这几乎是不可能的。

当领导者建立目标和游戏规则时，距离是至关重要的。规范、价值和标准需要以不可协商的方式进行沟通。这些是构建操作的基础。只有在领导关系的早期，尽可能地保持距离和形式，才能有效地做到这一点。

当皮特·戈斯为 BT 环球挑战赛训练新手时，他从一开始就确立了自己的规则。接下来的几周将充满压力，有时甚至是危险的；谁该做什么，怎么做，这是毫无争议的。每个人都会做任何指定的工作，没有逃避，或厕所得到清洁，污水抽水，不允许讨论或辩论。亲密感是后来才有的。

我们已经看到这种方法在公司的情况下是有效的，领导者在前面说：“让我把事情说清楚，你会兑现你的承诺。”这是在完全没有争论或讨论的情况下，从远处说的。然后，领导者开始讨论人们将如何去做这件事，并与团队成员进行大量的交流，提出建议，以及逐渐增强的温暖感和团队合作意识：我们都在一起，这个队会进球的。对于领导者来说，模式通常是这样的：当你告诉他们该做什么时，要保持距离。

变得亲近

到目前为止，我们已经强调了那些倾向于保持距离的领导者，而其他人则有一种默认的亲近模式。例如，比尔·伯恩斯更善于亲近，而不是疏远，他认识到这一点。"我告诉人们我的看法，"他告诉我们，"这是一种一致性——他们知道自己与我的立场，无论是好是坏。"伯恩斯承认"它也有柔软的一面。我对人感兴趣。我的记忆力很好。如果有人轻拍我的肩膀，而我已经很多年没见过他们了，但我经常能记得一些与他们、他们的家人或任何事有关的事情。我可以帮助人们应对一个复杂的局面，并得出一个结论。"难怪他的同事们能轻易而自信地向比尔吐露心声。

当然，伯恩斯的记忆并不局限于员工配偶的名字："我还记得产品和市场——人们可能会觉得'哦，不，他记得我们去年失去了激情。我们现在回到正轨了吗？'所以这是有好处的。这是一种对商业的理解。"

不管怎样，伯恩斯的策略奏效了。他推行了一项计划，重点关注制药部门的活动并降低成本，在这一过程中进行了彻底的改革。与伯特在BBC的许多举措形成鲜明对比的是，这一举措几乎没有招致怨恨和争议。

与距离一样，在很多情况下，领导者发现利用亲密关系来加强与追随者的联系是合适的。

最明显的情况之一是试图建立一个团队。团队建设依赖于了解每个成员的能力和个性。没有足够地了解他们的动机，这是不可能做到的。领导者还必须弄清楚如何区分他们的方法。激励乔表现良好可能涉及一组不同于苏珊所需的信号和激励。

由于团队成员必须相互联系以确定自己是一个团队，团队建设通常涉及走出工作场所，进入更社会化的环境，在那里工作障碍可能被有效地消除，亲密感油然而生。

大卫·加德纳是美国艺电欧洲业务主管，他可能在办公室以外的团队建设方面保持着某种记录。加德纳带着他所有的欧洲员工——将近1000人——去地中海俱乐部待了四天。加德纳是位美国人，起初他的员工对整个想法持怀疑态度，近乎愤世嫉俗。他们嗤之以鼻地说，我们就是不做这种事。但是，这次旅行取得了巨大的成功，第二年，工作人员都争先恐后地想知道他们这次要去哪里。加德纳的回答是："今年没有旅行。"他告诉他们，这样的旅行是为了庆祝成功，而今年的数字并没有达到预期。他的回答阐明了关于团队建设的一个更普遍的观点。虽然我们强调了亲密的重要性，但仅靠亲密是不够的。亲密可能是一个必要条件，但它不是一个充分条件。高效的团队还需要明确任务和目标，这也是领导者的要求。

在指导或给予强化帮助时，亲密感也很重要。好的教练首先要了解他人的目标、动机、抱负和情感，帮助他们为自己的发展承担更多的责任。

里克·多比斯来到欧洲，经营着一家对波利克来说已经很成功的公司。他的一些朋友担心他会如何应对文化冲击。他们担心，他在布鲁克林的背景会影响他的表现，而他会觉得自己需要在这个组织机构上树立威信。相反，他选择了一个更明智的策略：倾听新同事的意见，然后证明自己能够帮助他们。他利用在美国学到的技巧，如建立一个独立的预算价格标签，在欧洲各地推广曲目等，来培养和他们之间的亲密关系。

要了解员工的真正动力是什么，领导者必须了解员工的个人信息。他们必须了解他们的历史、目标和梦想，甚至钻研他们的遗憾和失望。他们必须习得人们的名字，他们的配偶和孩子的名字。他们必须找出他们的原因和消遣，同时分享自己的价值观和激情。如果领导者不是真正地亲密，他们很可能只听到人们认为他们想听到的。

加雷思离开宝丽金时，里克·多比斯给他买了一本有关布鲁克林历史的书，这是他的出生地。他在信中写道："布鲁克林诞生了许多伟大的东西。真有趣，你自己也可以从那里出来。"收到这样一份真正个性化的礼物是一种莫大的赞美。

发展这种亲密关系的最佳环境之一是一起旅行，分享食物和饮料。一些领导人甚至邀请人们到家里做客。在英国广播公司（BBC）任职初期，格雷格·戴克带领整个高管团队从伦敦前往利兹。他们将访问 BBC 北部的办公室，那里的人们感到四面受敌。当你在英格兰北部旅行时，BBC 的受欢迎程度会逐渐下降，利兹的办公室也很少有来自总部的访客。戴克不仅想加强他的管理团队，还想在两个办公室之间建立某种亲密关系。

他组织这群人三三两两地去旅行，每个二人组或三人组都被派去参观沿途的另一家 BBC 当地电台。成员们自然地相互靠近，学习他们对组织机构并不了解的东西，并在意想不到的地方与人们建立联系。当他们到达利兹时，那些几乎没有见过任何高管的员工被当成了整个顶级团队的一员，几乎像跳康茄舞那样排成队在大楼里走来走去。戴克和蔼地主持了一次联合参谋会议，成功地掩盖了他即将因牙痛晕倒的事实。

真品

当一个领导者在表达亲密关系时，真实性尤其敏感。如果没有真正的感觉，追随者迟早会意识到这一事实，觉得自己被骗了。

我们曾经咨询过波士顿一家顶尖医院的管理人员，他擅长收集软数据。他认识了医院里的每一个人。他认识厨房的工作人员、搬运工、保安，甚至停车场的看门人，还有外科医生、护士和其他医生。他非常善于花时间和精力在走廊和病房里走动。显然他是在做功课，因为他在认识别人之前就知道他们的名字。这是奉承，让人们会告诉他任何他想知道的。然而，他犯了一个大错误。他做这一切都是为了在工作的头六个月里感知自己的处境，然后他停止了。

对他的工作人员来说，他似乎不再感兴趣了。他的真实性降低了，可信度也大大降低。这里的关键点是，情境感知不是一次性的事件，领导者需要回顾他们关于人与组织机构的知识库。领导可能最终是为了最高的目标，但它始终是关于人和关系的。

这是双向的。要想真正地接近别人，你不能仅仅探知他们的敏感之处。作为交换，你也必须向他们展示你自己。在一家全球专业服务公司为高级合伙人举办的领导力活动上，我们邀请合伙人告诉同事们一些其他人不知道的关于他们自己的事情。人们的表现令人感到惊讶；一些人通过老生常谈来逃避任务："我最喜欢的颜色是橙色；"其他人则透露了自己的真实情况："我和妻子正在接受婚姻治疗，""我的专业考试两次都不及格。"如果你不倾诉，就很难表达亲密。但是你必须诚实。如果你的人通过交流发现你的话语并不一致，你的信誉就会受损——他们也不会再对你坦诚。

亲密就是要表现出积极的情绪。这可能包括奖励成功和安慰跌倒的人。乐观情绪是会传染的，悲观主义会激发恐惧和怀疑，往往是一种自我实现的预言。那些敢于冒险的人应该受到鼓励，即使这种冒险并不是每次都能得到回报。很少有人在第一次击出全垒打。

打开通往亲密的大门

亲密感是可以上演的。但这不能机械地实现。亲密接触的机会必须符合领导者的风格和个性以及他们所面临的情况。所使用的技术必须与同领导共事的人相匹配。

当我们与一家制药公司的研究人员一起进行团队建设时，意识到了这一点。我们做了一个标准的程序，试图让他们分享彼此的软数据等，但都没有成功。我们最终建立了一系列的研讨会，在那里他们可以谈论他们的研究。这才是真正吸引他们的地方——这也是他们想要了解彼此的地方。毕竟，他们是科学家。

领导者经常为增进亲密的关系安排场合，创造一种茧状的环境，他们以及自己的员工可以在其中放松自己。

例如，格雷格·戴克在去英国广播公司（BBC）之前，经营着一家名为"伦敦周末"（London Weekend）的商业电视台。正如他在BBC所做的那样，他为公司创建了一个"领导小组"，并努力让成员们感觉像一个团队。在他的技巧中，有一系列的早餐会，邀请发言者——包括我们两人，在不同的场合。比赛是这样的，在20分钟的演讲之后，戴克将带领团队摧毁演讲者和演讲。这是一种艰难、有趣的仪式，是一种智力上的"熊饵"，通常做得很出色。在戴克的怂恿下，队员们试图以出格的机智超越对方，在笑声中紧紧地团结在一起。即使对受害者来说，在第一次震惊之后，也感到很有趣。

虽然像大卫·加德纳的地中海俱乐部（Club Med）之旅这样的大动作是有效且难忘的，但更重要的是经常性地去做一些小事。把所有的感情寄托在一年一度的聚会上，就像试图在暑假修复一段婚姻。小型社交仪式，比如周一早上的咖啡和饼干，也可以成为有用的习惯——只要它们不是例行公事。

即使在依靠等级制度作为控制机制的组织机构中，建立亲密关系也是一种非常有效的领导手段。伟大的军事领袖不仅赢得了军队的尊重，而且赢得了忠诚。他们通过用他们自己的语言和他们交谈并表现出他们的关心来赢得胜利。乔治·巴顿（George Patton）将军和他的士兵在欧洲各地交谈，基本上是告诉他们："对我来说唯一重要的是美国士兵。"当纳尔逊勋爵在战场上被弹片击中时，他以为自己就要死了。船上的一名外科医生丢下正在治疗的伤员，冲过去帮助海军上将，但是纳尔逊说："我要和我的勇士们一起排队等待治疗。"这是无法伪造的，是在炮火下的真实表露——水手们因此而爱他。①

考虑另一个典型的层级情境——钢铁厂。在那里，安全，甚至是生命本身，都要依赖于层级关系的力量。我们观察到，一位新上任的上司在工作中坚持扮演好自己的角色，但在喝咖啡和吃饭的时候，他会和下属亲切（当然不会过于文雅）幽默地聊着他们支持的棒球和足球队，并由此建立起亲密关系。

如何使用带宽

对于领导者来说，最难的部分在于该在何时以及如何将这种平衡从距离感转向亲密感，反之亦然。平衡总是在发生着变化——通常是循序渐进的过程，但有时也会突然发生转变。

有些人能够非常有效地游走在亲密感与距离感之间。例如，大卫·普罗瑟（David Prosser）就不像是伦敦金融城（City of London）那种圆滑的商人。他身材高大，来自工业发达的南

---

① 阿戴尔，《激励性领导力》，伦敦：索罗古德出版社，2002 年。

威尔士，还带着明显的口音。普罗瑟具有很强的亲和力。他是欧洲最成功的保险公司之———英国法通保险公司（Legal & General）的首席执行官，这家公司以热情而亲密作为公司文化，很重视在员工下班后组织大家去喝上一杯或是为离职的高管举办友好的欢送会。普罗瑟在这样的活动中散发着温暖，在同员工进行面对面接触中，他总是彬彬有礼、和蔼可亲。但他也能够与员工拉开距离，产生截然不同的效果，他会礼貌而坚定地指出他们的任何不足之处。

由于他一向带给别人以温暖，因此他在利用距离感时往往会更加有效。例如，在一次鸡尾酒会上，一位情绪过于激动的销售经理吹嘘公司在交叉销售产品方面业绩有多么出色。普罗瑟低声插了一句："我们可能还不错，但还不够好。"一阵寒意顿时弥漫全场。每个人都接受这一点：他们可以做得更好，也应该要做得更好。

一般来说，从距离感转换到亲密感很容易。一个微笑、一种更为随意的举止、一句愉快的闲谈，都能让人们放松下来，这表明，至少现在，领导者正在休息，可以适当表示亲密。然而，许多人发现制造距离感则很困难。例如，当一位很有人情味的研究负责人突然变成野蛮的批评者，这会让她的追随者们感到震惊并觉得自己受到了背叛。

在我们所研究的领导者中，很多人有诸多方式来对平衡加以调整。

我们观察到的第一个常用技巧是通过告知人们将会在他们

身上发生的事情来实现距离感的调整。美国第一资本投资集团的联合创始人、前首席运营官奈杰尔·莫里斯（Nigel Morris）承认，他觉得自己"有点像变色龙，前一分钟还是亲密的朋友，下一分钟就变得咄咄逼人、锋芒毕现"。正如他告诉我们的："如果你太高深莫测，人们会感到害怕。预见性十分重要，哪怕它听起来很刺耳。我会警告人们，'看着吧，罗伯，另一个奈杰尔要现身了'——以此来告诉人们我的态度要发生变化了。"

当然，这样的情绪表现并非简单的开合、黑白，或者开门关门。一些老练的领导人通过使用相互矛盾的信号来使人们保持警觉，当你的基本策略是要拉开距离时，这种战术便是最佳选择。

在与一家大型投资银行的首席执行官的首次会面中，我们目睹了这一点。我们要同他的两位高管一起共进午餐，而在此之前，这两位高管要先向他简要介绍会议情况。在进去的这半个小时内，他显然并没有让他们好过，他们神情沮丧地走出他的办公室并回到我们正等着的地方。我们与他们一起去私人餐厅吃午饭。首席执行官并未现身，我们便开始用餐。两道菜过后，我们都越来越紧张，想着如果他一会儿来了，我们要努力试着让它发挥作用。当他终于出现时，他表现得愉快又亲切，我们相谈甚欢。但这位首席执行官通过展示自己的权威而获得了优势，我们很可能比预期中做了更多退让。总而言之，这是一位领导者利用距离感让人们保持警惕的经典案例。

犯错的风险

当一个领导者不能在距离和距离之间做出正确的调整，当情况发生变化时，他的效率就会降低，组织机构不一定会分崩离析。我们都见过一些公司的领导者，有的平庸，有的无能，但不知怎么的，他们都能摸索多年。

不管怎样，在平衡上做错了的领导者总是无法做到真实。考虑以下这些情况：

当过多的亲密关系妨碍解决执行问题时。还记得那个年轻的经理吗？他和他的员工去喝酒，后来发现其中一人拿回扣？这个问题很少如此极端。事实上，大多数领导人都能处理如此严重的失误，即使他们过于亲密。但是过于接近几乎总是阻碍解决平庸的问题。在这种情况下，当一个经理试图与他或她的朋友保持距离时，他可以用一个笑话来回避整个问题，就像肥胖的杰克·福斯塔夫（Jack Falstaff）对哈尔王子（Prince Hal）所做的那样。经理靠得太近，丧失了他的真实性。

我们都遇到过这样的人，他们在加入一个团队时表现得过于强势，并试图假定自己还没有赢得亲密感。首先，距离要远得多，就像一个新班级的老师。

当领导者没有认识到他们的责任。如果一个经理过于注重团队领导的亲密关系和行动的感人精神，他可能会失去产生业绩和对结果负责的授权的真实性。领导力不是友善。即使在关系密切的时候，领导者也必须保留一定程度的自我。他和他的追随者都必须感受到距离的潜在危险。最后，权威来自组织机构压倒一切的事业或目标。作为这一事业的管理者，领导者甚至可以将距离强加给他亲近的人。

当领导们疏远时，尽管亲近是合适的。根据领导者角色的性质，他们经常需要关注组织机构之外的因素。他们花很多时间与投资者、分析师、媒体、客户和政府沟通，而不是面对组织机构内部。因此，他们经常被认为是字面上的疏远，以及社会上的疏远，然后失去了与正在发生的事情的联系。他们被切断了与软数据来源的联系，而软数据将使他们成为高效的领导者。

我们曾经在一个高管盥洗室看到过这样的涂鸦："上帝和首席执行官之间有什么区别？上帝无处不在。而首席执行官除了这里无处不在。"当关键员工离职，或者销售团队"突然"达不到目标时，这些高管常常会感到惊讶。

那种遥远的地方可能很诱人。这使得首席执行官可以辩称——既然他不知道发生了什么，他就不应对此负责。安然、泰科和世界通信的惨败就是明证。作为领导，你当然得负责任。

当一个领导者发现了一个好方法，但却把它推得太远。我们都认识这样的管理者：他们进入一个组织机构，建立了令人钦佩的距离和权威，然后又做出了被认为是残酷的或有损组织机构长期利益的决定。然而，判断错误的亲密也很容易失去真实性。

永远不要忘记，就像管理的其他方面一样，领导力也是一种技能。那些渴望成为高效领导者的人不断地练习和磨炼他们的技能。正如我们所展示的，利用社会距离是一项关键的领导技能。但就像每一项技能一样，它也可能被夸大。

有一次，我们接触到一家著名的广告公司的一个案例，它告诉我们，做得太过反而会失去影响力。在部门举行圣诞晚会之前，经理告诉我们，他计划挑选出 5 名优秀的员工，告诉他们做得很出色，并给他们每人一个奖项。这一切听起来都很不错。但是当他这么做的时候，却没有只对 5 个人表示奖励。他滔滔不绝，越来越多的人受到称赞并得到奖品。

起初，房间里充满了兴奋之情。但是很明显，部门里的每个人，大约有 50 个人都获得了奖励，颁奖仪式开始变质。当经理宣布完真正的英雄时，他开始阅读笔记，随着获奖人数增多，笔记也越翻越薄。受到表扬的人感觉并不好，真正的英雄则感觉自己的获奖失去了意义。最初的 5 个名字让人觉得这件事很真实，然后越来越不真实，直到它变成了一个骗局，成了一出事与愿违的把戏。

我们可以看到，巧妙地利用社会距离是一种特殊的情境感知，解读何时该接近，何时该保持距离，然后知晓哪些行为是最恰当的。这是一项至关重要的领导技能。

还有一种关键能力需要探索。在下一章中，我们将探讨为什么谨慎沟通在领导关系中如此重要。

>>> 第七章

谨慎沟通

在领导力文献中，高效的领导者是良好的沟通者，这已经成为一个普遍现象。是的，但还有更多。有技巧的领导者确保他们使用正确的沟通方式，这需要你对信息、环境、你想要交流的人以及你自己的优缺点有一个很好的理解。事实上，仔细思考你的交流方式是一个微型的案例研究，它告诉你如何在特定的环境下，用技巧有效地做你自己。①

例如，领导者需要考虑他们的优势是一对一的会议，是一个小团队，还是一场大规模的演讲。每个语境都需要非常独特的表达技巧。很明显，每一次相遇都可能因环境而异。

一个著名的哈佛商学院案例记录了贝恩咨询公司（Bain and Company）副董事长奥里特·加迪什（Orit Gadiesh）在 20 世纪 90 年代初对公司的同事们所做的一次重要演讲中所做的精心准备。②当时，公司士气低落，加迪什试图解决这个问题。她考虑的因素包括事实和情感的适当平衡，最近的成就和未来的挑战

————————

① 除另作说明，本章引用的内容来自以下采访：罗布·戈菲于 2003 年 4 月对彼得·包必达所做访问；罗布·戈菲于 2002 年 9 月在伦敦商学院对皮特·戈斯所做访问；罗布·戈菲于 2002 年 10 月于巴塞尔对弗朗兹·休谟所做访问。

② 南希·罗斯巴德与杰伊·康格，《奥里特·加迪什：贝恩公司的骄傲（A）》（*Orit Gadiesh: Pride at Bain & Co. (A)*），9-494-031 号案例，波士顿：哈佛商业学院出版社，1993 年。

以及个人轶事和共同的经历。她知道，作为他们的领袖，她如何沟通，将对信息的接收方式产生重要影响。最重要的是，加迪什考虑了如何在不让一大群思想独立的人觉得自己被不当地指挥的情况下，建立一种集体自豪感。

选择渠道

再想想格雷格·戴克对他的魔术表演的精心演绎，托马斯·萨特伯格在小型会议上运用自己的眼神进行表演，以及西蒙·古利福德的路演。领导者必须考虑他们是否对这一关键任务投入了同样的注意力。他们会小心翼翼地交流吗？

交流是个人的。虽然面对面的交流对领导者来说总是很重要的，但他们也有必要考虑如何与更广泛的受众进行直接有效的沟通。当约翰·梅杰（John Major）接替玛格丽特·撒切尔（Margaret Thatcher）成为英国首相时，人们普遍预计他会在自己参加的第一次选举中落败。在竞选活动开始时，他在配有谷歌眼镜自动提示的大型平台上发表了一系列固定的演讲。人们的反应平淡无奇，布景与他朴素、谦虚的风格不相称。竞选进行到一半时，他改变了策略，他在一个临时搭建的讲台上，手持麦克风，开始了一系列街角的即兴演讲。这个场景更有效地捕捉到了他那"街上普通人"的风格。所有主要电视频道都录下了这些演讲，并适时地向 3000 万选民播放。他赢得了选举。许多评论人士将这种表象上的转变视为竞选活动的关键转折点。

突然，梅杰开始同人们建立起联系。

将其与 2004 年布什和克里（Bush-Kerry）的总统竞选相提并论是诱人的。布什喜欢站在树桩上，这是他喜欢的环境。一般认为，克里在电视辩论中表现得很好。直到竞选后期，对他来说太晚了，他似乎才在非正式场合与选民建立了联系。

与我们合作的组织机构也认识到内部和外部交流议程的日益重要。事实上，沟通功能在最近几年变得越来越重要。在最好的情况下，沟通专业人士能够熟练地利用新旧渠道来补充领导者之间的人际交往，例如：视频会议、互联网、印刷出版物、广告等。只要机器不接管，所有这些都是非常有效的。但领导人必须保持自己的真实性。例如，请记住，彼得·包必达在考虑为雀巢公司拍摄登山装照片时的谨慎。

在组织机构的底层，渠道选择同样重要。我们曾多次观察和采访一位住在市中心贫民区的高级社会工作者戴夫。他的团队难以运作：其中包括政治激进分子、多种女权主义者、无情的野心家和自封的无政府主义者。正式会议是一场噩梦——它会迅速恶化为根深蒂固的立场之间毫无成效的交换。戴夫完全理解这一点，他选择带领一小群员工去当地一家友好的酒吧，在那里，他以幽默、智慧和不拘一格的方式，传达他所要求的高标准的专业实践。

领导力叙述

显然，沟通也是内容的问题。许多领导者所犯的错误是，认为追随者主要可以通过理性分析和对事实的直接断言参与进来。从学校到大学再到工作，我们都被鼓励用这种方式说服他人相信我们的案例，但这种方法本身很少能成功地激励其他人。

举例来说，你会因为一套详细的、充满事实的简报文件兴奋吗？除了这些方法引起的可预见的不感兴趣之外，个人利用他们的等级权威确保其他人充分"相信"他们的案例的优点，往往使问题进一步复杂化。在一些组织机构中，这可能被认为是管理，但它肯定不是领导力。

为了恰当地吸引他人，领导者需要构建一个引人注目的故事。他们必须找到一种看待世界的方式，使他人不仅能够理解他们在这个世界中的角色，而且能够为此感到兴奋。这并不意味着拒绝合理的分析，相反，高效的领导者可以通过丰富的事例、个人经历与故事生动地阐述出自己的观点。①

为什么个人经历作为领导沟通的工具如此强大？有几个原因。首先，一个令人信服的故事是吸引他人的一种方式，正如我们所强调的，领导力是一种关系。好故事吸引人。他们提出了一个必须解决的难题，一个必须克服的挑战，一个探索。故

---

① 斯蒂芬·丹宁，《讲故事》（*Telling Tales*），《哈佛商业评论》，2004 年 5 月刊。

事之所以有效，是因为它们最终允许其他人得出自己的结论。

其次，精心选择个人经历可以帮助追随者认同领导者。个人轶事和经历是缩小社会距离的重要手段，也是揭示真实传记的重要手段。通过使用日常生活中熟悉的事件或背景，领导者往往能够在分享经验的基础上更好地与他人建立联系。

再次，通过个性化的交流，例如通过趣闻轶事、类比和幽默，领导者能够更多地展示自己。领导者越能（巧妙地）表达自己的情绪，就越能唤起他人的情绪反应。著名的通用电气（General Electric）前首席执行官杰克·韦尔奇就会利用这一技巧与人沟通，他经常回忆起童年和早期成人生活中的故事来说明关键信息。但我们更喜欢另一个例子。

近年来，我们看到帆船运动员皮特·戈斯在满是经验丰富的高管的房间里发表演讲，而且他善于讲故事。他讲述的一个故事是他对竞争对手拉斐尔·迪内利（Raphael Dinelli）的出色营救。另一个故事讲述了他开发了一艘革命性的巨型双体船——飞利浦团队。

这两个故事都提出了一个有效吸引观众的挑战。在这样恶劣的条件下，他怎么可能营救成功呢？当皮特找到拉斐尔时，他还活着吗？真的有可能开发出一艘小码头大小的双体船而不是另一艘船吗？它能在"完美风暴"中幸存吗？皮特能筹集到足够的资金使这个项目继续下去吗？

随着每一个戏剧性的故事的展开，皮特在书中穿插了一些为人熟知的、世俗的日常琐事，而这些琐事很容易就能和其他人联系起来——吃饭、睡觉，是的，甚至在船被水淹的时候上厕所。他还谈到了妻子的重要支持以及朋友们的日常友情。

最后，这些故事使皮特能够表达他的情感。在第一次拯救拉斐尔时，他动情地谈到他们的拥抱，还有他们的眼睛："我不知道它们能传达出这么深刻的情感和感激之情。"当他放弃这艘在海上遭到致命破坏的巨大双体船时，他坦白说，他和所有的船员都大声地哭泣着，而这艘船则静静地滑向黑夜。

到最后，皮特已经和他的听众建立了强大的联系——使他们能够分享他的一些经验，并就领导的个人挑战得出自己的结论。

真实地讲故事

这种交流有什么诀窍吗？对于一个有效的故事，当然有一些基本的指导方针，例如，在结构、节奏和风格方面。我们也知道，有影响力的叙事往往借鉴古代故事的意象和基调。想想史蒂夫·乔布斯在描述苹果公司与 IBM 之间的战争时，是如何运用"大卫与歌利亚"的形象的；理查德·布兰森创建的维珍航空在与英国航空竞争时，也用了完全相同的比喻；事实上，新一代的低成本航空公司在与老牌航空公司的竞争中也是如此。

高效的沟通必须是真实的。举例、轶事或故事的使用必须符合当时的情况，它必须是真实的，而不是照搬菜谱。而最有效的使用方式是将这些编织进日常互动的结构中，而不是作为事后补充。熟练的沟通也是一个节奏和时机的问题。步伐、节拍与编曲是成功领导沟通的核心。速度太快，消息就会被打乱，或者它们可能不符合上下文。太慢的话，就会有挫败感和脱离接触的危险。领导者的任务是解读并理解组织机构的节奏，然后找出什么必须改变，以什么速度改变，以及什么必须不惜一切代价保持不变。

乌龟与野兔

用心交流不仅仅是内容、风格和讲故事，这也是时间和节奏的问题。音乐不仅仅只是音符而已——正如一位爵士音乐家所说，"你应当去听听我不弹的音符。"沃顿商学院（The Wharton School）国际论坛音乐与领导力项目（International Forum Music and Leadership Program）的高管们被要求学习如何指挥一支四重奏乐队，他们表示，这与他们在工作中遇到的挑战最为相似。

看看下面这两个案例。为了让大家更有兴趣，我们暂时隐去了公司的名字，因为我们想让大家猜猜接下来发生了什么。第一个故事是关于一家成立于20世纪初的公司，它建立在已经出现的新技术的基础上，结合了电力和通信方面的知识。到20世纪60年代初，该公司已发展成为一家大型企业集团，业务涉及重型和轻型工程：发电、国防、医疗电子和耐用消费品。

它奉行一种保守的战略——从不把所有的鸡蛋放在一个篮子里，再加上严格的（有人认为是令人窒息的）中央财政控制。许多管理人员认为，这产生了一个官僚主义的、厌恶风险的组织机构，没有能力迅速应对新的机遇。尽管如此，公司还是成长了。到了 20 世纪 60 年代，收入约为 100 亿英镑，以及 10 亿英镑的现金。然而，它对风险的厌恶使得它在资本市场不受欢迎。1987 年至 1996 年间，除了 4 年以外，它的表现都逊于富时指数。

但到了 20 世纪 90 年代末，该公司的变革新领导层的时机已经成熟，任命了一位新的首席执行官。他已经有了相当大的声誉，作为一名商业领袖，他不害怕组织机构的急剧变化。新领导人迅速着手改变事情。他与一位前投资银行家加强了董事会的力量，并开始了彻底的战略变革。他抛弃了过去规避风险的策略，寻求在快速增长的电信设备市场重新定位公司。一项加速处置计划最终以出售该公司的防务业务而告终。

伴随着这些大胆的举措，组织机构开始为一场重大的文化变革而努力，其目的是向员工传达新的战略要求。在与人力资源总监的合作中，新任首席执行官确定了核心价值，如激情和自豪，高速度和彻底的前瞻性，围绕这些价值建立了一个新的组织机构。这种模式是典型的变革管理，由鼓舞人心的领导力驱动。市场看好这家公司，它成了热门股票。员工们开始相信，股价可能会达到他们的期权授予水平的两倍。人们真正关注的是股价，并有动力去实现这个目标。在热情的推动下，这位首席执行官开始了一项发展全球能力的收购战略。随后在美国进行了两笔大的收购：一笔收购价格略高于 20 亿美元，另一笔收购价格为 42 亿美元。

"我们的使命是使本组织机构成为 20 世纪最具活力和最令人兴奋的市场部门中世界领先的电信和信息管理公司之一。我们将通过建立一种可以共同分享的新组织机构成功文化来实现这一点。"这位乐观的首席执行官在 2000 年时对外宣布。

我们把故事先放在这里——你可以想想接下来发生了什么——而我们考虑另一个完全不同的情况。

这是一家专业服务合伙企业，经营金融重组业务。它是蓝筹股，拥有令人印象深刻的顶级品牌形象。在我们管理整个公司的时候，它的收入大约是 7.5 亿美元，来自各种各样的活动。其中包括大型金融重组工作，要么是为银行、债券持有人服务，要么偶尔为管理层服务；高度专业化的企业转型活动需要的详细行业知识；中小企业改制或者清算。总体情况看起来很乐观。公司的收入正在增长——公司的目标是在五年内将规模扩大一倍。盈利能力很好——与其他合伙人相比，每个合伙人的利润都很高。在大型业务方面，增长仍然强劲，利润也很高。公司内部的人才会追随金钱的脚步，公司最优秀的人才会被那些大名鼎鼎、引人注目的工作所吸引。

与此同时，在表面之下隐藏着问题。规模较小、反应敏捷的精品企业正在进入企业市场。他们认为这家蓝筹股市场的领头羊行动缓慢，或许还有点自满。残酷的事实是，在占总收入40% 左右的中小企业市场，合作伙伴关系的市场份额多年来一直在下降。低成本的区域性公司或致力于关系营销的大公司正在赢得市场份额。

需要做点什么。因此，合作伙伴的领导者发起了一项内部研究，并交由公司一位明智机警之人来负责。在进行了 80 次内部访谈和更多的客户访谈之后，他建议进行彻底的变革。中小型企业需要新的领导者——能够将士气低落的团队团结起来，给他们明确的方向，并开始重新获得市场份额。

领导者考虑各种选择，似乎没有明显的候选人做这戏剧性的扭转工作。最终，在与资深同事多次讨论后，他转向一位经验丰富但更年轻的合伙人。该年轻合伙人有将创新的人员流程引入合作关系的记录，尤其注重年轻人才的学习和发展，但他并不是一个有奉献精神的击球手。

这个年轻的搭档开始时很好。有很多会议咨询在当地市场取得一定成功的年长合伙人，渐渐地，他让合伙人级别以下的董事和经理参与进来。有小组委员会和工作组审查结构选择、渠道管理、新人才开发和品牌问题。这引起了许多热烈的讨论和一些冷嘲热讽——"我们以前试过了，但没有用"。新领导人在进行必要的改革之前，会尽其所能将这些问题浮出水面，但人们越来越感觉到，有太多的对话、磋商和共识的建立。在合作伙伴研讨会上，出现了一阵不安的声音，要求采取果断行动。

让我们离开这个故事，回到我们充满活力的电信业务上来。

如今的野兔……

2000年上半年增长迅速，盈利强劲，股票价格达到历史最高点。但是，2001年，随着进入新放松管制的市场的新公司开始倒闭，美国的电信市场开始萎缩，欧洲市场更为强劲。但即便是在这里，许多大公司仍受到第三代手机牌照支付高额费用的影响。因此，他们推迟了对网络基础设施的投资。这是对该组织机构的又一次打击。

2001年第二季度，该公司宣布销售前景不佳，预期营业利润灾难性地下降了50%，股票价格直线下跌。到了第三季度，这些股票从富时100指数中降级，首席执行官兼董事长（前年度最佳执行官）辞职。很快，随着公司巨额债务的重组，这部分股份几乎变得一文不值。一个拥有大量现金储备的蓝筹股被摧毁。该组织机构是马可尼公司（Marconi Corporation）。

让我们回到我们的专业服务公司。人们听到了采取行动的呼吁，一个由年轻才俊组成的新管理团队成立了。他们现在正致力于更新人才基础，重建与地区银行家的关系。这些问题并没有全部解决，但是越来越多的人认为业务正朝着正确的方向发展。有一两个资深人士参加了比赛。他们看到了行动的所在，想成为其中的一部分。一些愤世嫉俗者已经离开，更多的人可能会跟随。愿景的沟通对于长期的成功仍然至关重要，但谨慎而艰苦的工作已经开始。该组织机构是普华永道业务恢复服务区域实践。正如我们所写的，它正在重新获得市场份额，士气高涨，人们都在积极参与。

　　就像龟兔赛跑一样，我们的两个案例说明，一个更加渐进和精心设计的改变过程最终会被证明更加成功。在第一种情况下，新领导人上任时有着令人印象深刻的业绩记录。随之而来的是令人激动的新愿景，它让每个人都对未来的成功满怀憧憬并由此生出能量。在迅速进行了积极的以收购为基础的扩张的过程中，传统的业务基础被丢失，精心开发的规程被吹走。当市场发生变化时，一家知名的公司遭到了破坏。在第二种情况下，一个更安静、不那么引人注目的人接管了领导权，与同事进行了仔细的磋商，调整了业务，重建了客户关系，并开始建立一个致力于新愿景的团队。

　　兔子受了重伤，乌龟活得很好，正在稳步前进。也许不可避免的是，野兔总会吸引我们更多的注意力。它们在20世纪90年代取得了令人瞩目的成就，而我们仍在从紧随其后的企业倒闭中复苏。或许，安静、步调适度的领导人变得更受欢迎并不令人意外。

高管的快速反应神话

　　一次又一次，领导人面临节奏和时机的难题。随着业绩压力的增加，许多商业领袖尤其感到有动力越来越快地展示自己的影响力。他们觉得有必要沟通，事实上，他们知道所有的答案。然而，最近的研究表明，这是引人注目的失败的典型特征之一。

达特茅斯学院塔克商学院（Tuck School of Business at Dartmouth College）教授西德尼·芬克尔斯坦（Sydney Finkelstein）对"极其不成功"的人进行了研究。他将这些人定义为能够接管世界知名企业，并使其几乎毫无价值——大规模地破坏就业和股东价值。这完美地描述了马可尼——但芬克尔斯坦指出，他与乐柏美公司（Rubbermaid）董事长兼首席执行官沃尔夫冈·施密特（Wolfgang Schmitt）、通用汽车（EDS）的罗杰·史密斯和泰科（Tyco）的丹尼斯·科兹洛夫斯基（Dennis Kozlowski）有相似之处。它们都收购了表现强劲的公司，并将它们推入各种各样的死胡同。

　　当然，我们很难不被那些似乎能够迅速专注于重要的事情、理解复杂性、表现出对相关事实的深刻了解并果断行动的人所打动。事实上，这种对高管行为的刻板印象仍然是许多职场人士的向往。这种理想的领导者喜欢快速做出决定并下达命令。更重要的是，他们的同事经常因为他们的果断而感到安心，尽管他们知道他们不可能知道所有的答案。

　　但是正如西德尼·芬克尔斯坦（Syd Finkelstein）所警告的：

　　这种有关高管能力的描述的问题在于，它实际上是一种欺骗。在一个商业环境不断变化，创新似乎是唯一不变的世界里，没有人能够长期"拥有所有答案"。一贯果断的领导人往往会迅速解决问题，以至于他们没有机会把握后果。更糟糕的是，因为这些领导者需要感到他们已经有了所有的答案，他们没有办法学习新的答案。当真正重要的事情危在旦夕时，他们的本能是推动迅速结束，不允许有不确定的时期，即使在不确定是适当的时候。①

　　那些行动太快和不现实的确定性遭受着另一个问题。他们不再从别人那里得到有用的反馈或意见。乐柏美公司董事长兼首席执行官沃尔夫冈·施密特的同事声称他不听也不接受建议。最后，"无论如何，几乎没有人敢反对他。"②最终，另一个速度陷阱是沉默。在快速完成任务的压力下，个人通常会觉得有必要"只管去做"，继续完成任务，然后再讨论问题。但是，正如哈佛大学的两位学者莱斯利·珀洛（Leslie Perlow）和斯蒂芬妮·威廉姆斯（Stephanie Williams）最近所指出的那样，这种沉默所制造的"沉默的阴谋"会引起同事之间的不和，从而破坏创造力，降低生产率。③
　　弗朗兹·休谟是乌龟研究方法的一个典范。在罗氏工作的8年里，他领导了一场戏剧性的重组，将重点放在制药和诊断领域的核心业务上。因为他一开始就意识到过早完成太多任务的危险。许多人希望休谟一到公司就处理掉维生素业务。但他意

---

　　① 西德尼·芬克尔斯坦，《低效能人士的七个习惯》（*Seven Habits of Highly Ineffective Leaders*），《商业战略评论》，2003 年冬季刊。
　　② 同上。
　　③ 莱斯利·珀洛与斯蒂芬妮·威廉姆斯，《你的公司会被沉默所扼杀吗？》（*Is Silence Killing Your Company？*），《哈佛商业评论》，2003 年 5 月刊。

识到，这可能对公司内部造成早期的阻力，也可能会给他在其他业务领域寻求变革的雄心带来问题。

他刚到罗氏不久，这家公司就登上了各大报纸的头条，但原因却完全错误。报告的重点是市场份额不断下降、产品渠道不完善、在美国和欧洲都受到严厉惩罚的价格操纵丑闻，以及诺华公司（Novartis）可能被收购的威胁。回顾过去，休谟认为他当时的沟通任务是让人们相信事情并不像看上去的那么糟糕。他必须提醒人们，面对消极的变化，企业的优势在于基本的连续性，以传达他现在所说的近乎不切实际的乐观主义。

最近，该公司公布了健康的利润和高于市场的增长率。坏消息是，休谟说，"现在我必须提醒我的同事们，我们并不像自己认为的那么好！"这个故事很好地阐明了所有领导者在与追随者沟通时必须遵循的原则，实际上是指该如何去回答"我们做得怎么样了？"这一问题。对于那些身处快速变化的复杂组织机构顶层的人来说，这个问题的答案很少是简单的。要想把它做好，需要最高层次的情境感知和沟通。

进化与变革

也许没有哪家公司能比食品业巨头雀巢说明得更好，在节奏平稳快速发展的变革之间，存在着怎样的取舍。事实上，该公司首席执行官彼得·包必达已公开表示，将解决这种紧张关系作为其个人领导力挑战的核心部分。[①]

雀巢是世界上最大的食品公司。它有将近 150 年的历史，在世界上的每个国家都有业务，销售数千种产品。该公司拥有 26 万名员工，旗下拥有雀巢、巴黎水（Perrier）、喜跃（Friskies）和奇巧（Kit-Kat）等品牌，在许多快速发展的消费品市场占据主导地位。

在 20 世纪 90 年代科技推动的增长时期，雀巢经常被形容为"沉闷""无趣""跛脚鸭"和"恐龙"。但当互联网泡沫破裂时，雀巢长期致力于可持续、渐进增长的优点也变得更加明显。

事实上，包必达和他的前任们一样，一直强调公司的"不可接触"——那些业务中永远不应该改变的方面。《经济学人》（The Economist）将包必达称为"时尚的死敌"。[②]正如他所解释的："领导者的主要工作之一就是决定你想保留公司的哪些方面。你必须弄清楚这家公司过去为什么会成功，以及你将如何保持这些基本原则不崩溃或消失。"

这些坚持的价值观体现在雀巢的《领导与管理原则》（Leadership and Management Principles）中，包必达于 1997 年成为雀巢的首席执行官，在该公司工作了 30 年。这些原则包括

---

① 苏济·韦特劳弗与彼得·包必达，《反对变革的商业案例》（The Business Case Against Revolution），《哈佛商业评论》，2001 年 2 月刊。

② 《雀巢的长远眼光》（Nestlé's Long-Term View），《经济学人》，2002 年 8 月 29 日刊。

人、产品和品牌的重要性（而不是技术），长远的业务发展眼光，以及一种分散化的哲学。这种哲学推动决策在组织机构中进行，并尽可能接近当地市场。

显然，这并不意味着雀巢不会改变。相反，制度倾向于渐进但持续的变化。同样，正如包必达公开指出的，一次性的戏剧性变革是创伤性的、破坏性的，并表明企业领导人未能采取能够避免"转型"需要的那种早期预防措施。

这也并不意味着雀巢内部没有快速变革的空间。事实上，包必达有一个明确的目标，那就是加快公司变革的步伐。用他自己的话来说："我总觉得我们太慢了。我说这个组织机构穿着拖鞋到处走。虽然这很舒服，但它不允许你快速移动。如果你试一试，你就会跌倒！所以我说必须从拖鞋换成网球鞋，从网球鞋换到训练鞋，从训练鞋换到跑鞋。我们今天在哪里？我们大多还在穿着网球鞋。我们已经走得更快了，所以我们需要为跑步做好准备。"

当然，问题的关键是最佳的速度会根据需求和上下文而变化。包必达本人并不害怕在必要时采取迅速和激进的行动。在包必达上任的当天，执行委员会的10名成员要么换了工作，要么就退休了。在他任职期间，雀巢在宠物食品和水业务方面建立了新的全球业务结构；它引进了一个大规模的标准化信息系统项目——全球信息系统。在2002年至2003年期间，该公司迅速采取行动，在宠物食品（罗森-普瑞纳公司）、冷冻零食（美国厨师公司）和冰淇淋（德雷尔）领域进行了大规模收购。

"通过和我的同事交谈，"包必达说，"我发现其中一半人认为我们太慢了，另一半人认为我们太快了……显然，我们必须两者兼顾。在关键的地方你必须加快速度，在其他地方你可能需要放慢速度。关键是找出什么是关键。但是没有答案。"

了解比分

对于许多人来说，生活在如此复杂和模糊的环境中并不容易。于是这给我们提出了独特的领导力挑战。"昨天我在中心时通知环球发展要先放缓脚步，"包必达告诉我们，当我们最近看到他的时候，"我需要在一个关键的试点市场内投放更多的资源。我必须先赢得这场战斗！因此，环球经济的脚步将略作放缓——它不会因为这种延迟便崩溃——而试点市场则不同！所以在这里减速，就在那里加速！有些人对这种模棱两可的程度感到不舒服。但在我看来，你所生活的世界已经很难做到黑白分明了。"

包必达研究过音乐，并将领导一家复杂的全球企业所面临的挑战与管弦乐业务进行了比较。这意味着在准备指挥之前要经过一段漫长而艰苦的准备阶段。

"这位指挥家在和管弦乐队一起练习之前工作了一年。当你现在看到我的第一份雀巢蓝图时，你会发现它没什么了不起的。但是我工作了十八个月——思考、交谈和阅读。一旦你有了蓝图的四大支柱，它就变得简单而不复杂了。你可能会说，为什么要花这么长时间？但如果你看看像我们这样一个复杂的公司，并试图弄清楚四个问题，这四个问题最终是成功与失败的区别。就像一首曲子。它是如此复杂和巨大。你必须通过它——仔细检查、提问、交谈和面对。最后，您可以看到这行代码，就像一个组合器——它非常简单。"

包必达对自己作为领导者的核心挑战并不抱有幻想：用他的话来说，这就是"激励其他人追随他"。但继承雀巢这样历史悠久的大公司的领导权，与指挥家继承另一位作曲家的作品所面临的挑战有相似之处。最难的部分是用你自己的风格来解读分数：真实而不是模仿。

"指挥的目的是展示他对他人作品灵魂的诠释。他需要以此为目标激励他人——使之成为他的版本……和他一样，我也想充分发挥公司的潜力。我希望这是一支拥有独特声音的管弦乐队。就像维也纳爱乐乐团，世界上没有哪支管弦乐队有这种声音。在这里我想要我能得到的最完美的声音。"

优先事项处理

实现这一目标需要不断平衡优先级和速度，并持续管理模糊性。三个例子。首先，雀巢的产品、品牌都是"碰不得的"。总是优先于技术的公司，但是技术创新和领导力的例子还是很多的。雀巢率先建立了虚拟购物，例如，通过互动电视先于网络。它是B2B商务的先驱。它目前正在实施全球范围内最雄心勃勃的企业数据管理和信息系统项目之一。

其次，雀巢的领导和管理原则具有持久的主题，但最近进行了重写，以更好地反映雀巢在 21 世纪面临的新挑战，特别是"持续变革"的必要性。第三，或许是由于其"独特的声音"，这家看似步履沉重的巨头实际上已经成为增长缓慢的食品行业中增长最快的企业。

当然，并非所有的领导者都面临经营全球业务的人所面临的复杂业务流程挑战。然而，所有领导人都面临速度和时机的问题。那么，作为领导者，在传达变革的需要时，有没有什么指导方针可以帮助你做出正确的决定呢？根据我们同事约翰·W.亨特的工作和我们自己的咨询经验，我们发现高效的领导者：[1]

为改变沟通面临足够的压力。对于顶级商业领袖来说，这往往是一个艰难的决定。虽然他们个人每天都面临外部压力——金融分析师、激进的收购方、监管机构、媒体、股东等——但他们的许多同事却没有。同样，那些处于组织机构边缘的人——销售、服务、采购、广告和其他面向客户或供应商的工作——也更直接地暴露在外部压力之下。但许多内部职能和企业工作暴露较少，不那么令人不安，因此有时会更加自满。因此，我们很容易夸大人们实际感受到的紧迫感的程度，即使这种紧迫感看上去是显而易见的。领导者常常觉得，在任何人意识到甚

---

[1] 约翰·W.亨特，《职场人士管理》（*Managing People at Work*），伦敦：麦格劳－希尔集团，1992 年。

至有必要采取行动之前，就有必要加快步伐。但是，用行话来说——要抢在别人之前提出计划——对于那些渴望领导变革的人来说，"解冻"是失败的共同原因。

在存在强大外部压力的地方，领导人面临的沟通挑战是，如何将这些压力转化为推动变革的积极内部力量，同时又不冻结民众。危险在于，如果压力太大，人们会感到不知所措。在我们合作的一家高科技公司，一个常见的抱怨是，首席执行官一直要求现有业务以两倍于市场的速度增长，而额外的增长来自新的商业冒险。虽然人们可能会对危机做出积极的反应，但是无情的压力会导致倦怠，疲惫和宿命论的接受，"不现实的"期望将不会得到满足。

在其他情况下，那些旨在解决紧急问题的举措可能会被视为"又一个变革计划"而遭到冷遇。它们不会引发行动，而只会让人感到无聊、失去活力和愤世嫉俗。

在不疏远潜在追随者的情况下创造不适的机制是一门艺术，我们在这本书的各个部分都以这样或那样的方式接触过。在外部压力实际上没有领导者希望的那么大的情况下，这通常是特别具有挑战性的。例如，想想卡雷尔·乌尔斯汀（Karel Vuursteen）戏剧性地展示了安海斯－布希鲨鱼（Anheuser-Busch shark jaws）准备吞下家族企业喜力（Heineken）鱼的画面。或者是格雷格·戴克巧妙地让他的 BBC 同事（保证每年有固定的高额许可费收入）意识到，迫切需要在某些领域削减成本和裁员，以实现其核心目的：制作和播放高质量的节目。最后，再想想包必达在相对保守的市场（至少在某些市场）为他的同事们逐步更换鞋子的做法，至少让巨头雀巢处于有利地位。

传达一个清晰和引人注目的愿景。如果压力是推动力，那么引人注目的愿景往往是拉动因素。一个高效的愿景可以为未来提供一幅有吸引力的图画，并吸引人们来支持它的成就。领导者可以通过他们的个人价值观和愿景产生一种兴奋感。但是有两个关键点与节奏和时间有关。

首先，高效的愿景具有持久力。随着时间的推移，这是令人难忘的。想想微软的愿景——"每个家庭的每张桌子上都有一台电脑"，或者宝马的"终极驾驶体验"。通常情况下，匆忙构建和考虑不周的愿景几乎立刻就会被遗忘。

其次，不管这个愿景多么生动、多么激动人心，我们所认识的所有领导者都表示，实际沟通的时间比他们预期的要长。成功依赖于坚持不懈、简单可重复的信息和对不同渠道的富有想象力的使用。这就是故事的能量如此强大的原因：它们是一种低成本的工具，可以吸引人们对愿景的关注，并让其他人参与到愿景的制定和传播中来。

发出能力挑战的信号。如果有足够的压力和有吸引力的远景，那么接下来值得考虑的是是否有足够的人员来交付。当我们在咨询工作中问这个问题的时候，有多少人会很快回答"是"，这是值得注意的。但如果你想要证据，证据通常很薄弱。例如，组织机构很少像审计财务或物理资源那样审计人力资源。在缺乏确凿数据的情况下，过于匆忙的领导者往往只关注那些看起来可以迅速解决的人事问题。他们表面上的成功可能具有欺骗性。我们来解释一下。在图 7-1 中，我们熟悉的矩阵会从性能与潜力两个维度来对能力进行评估。

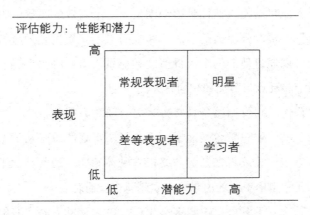

评估能力：性能和潜力

图 7-1　能力评估的两个维度

领导者在什么情况下最有可能表现出他们的能力已经迅速好转？根据我们的经验，它在两个盒子里：明星和差等表现者。在这里，这些问题可以相对快速和容易地得到处理——这仅仅是因为，在大多数组织机构中，它们的组合人口相对较少。然而，更棘手、更不容易快速解决的问题，通常存在于绝大多数人实际所在的地区。

想想看。一小部分精英明星——那些当前表现良好、未来潜力巨大的明星——通常都能享受到奢侈的快速发展计划。然而，从定义上讲，这些人正是最能照顾自己的人。一旦他们被识别出来，问题就简单了：管理他们的退出。有多少组织机构已经走上了这条快速修复的道路，但仍然未能交付性能？在许多方面，20世纪90年代一些最引人注目的公司倒闭，都与"明星"文化有关。这些文化推崇个人的高成就，而忽视或淘汰帮助企业日复一日维持运转的常规员工。[①]

事实上，正是通过对学习者的细心和循序渐进的培养，以及对经常参加活动的人的持续赞美，领导者往往能够实现他们最大的长期影响。这就是组织机构人口中更大的比例所在。学习者需要时间来成长和发展，当然，在这个过程中有些人会失败，但这需要耐心。例如，在体育界，最好的教练往往是这种谨慎管理的典范。

对于常规表现者，有一个常见的领导力挑战：让他们觉得自己很特别。但他们常常被认为是理所当然的，更糟的是，他们被诋毁为"行动迟缓者"或"坚定的公民"。

我们知道，当别人给他们贴上"可靠"的标签时，很少有人会觉得自己很特别。当然，具有讽刺意味的是，定期参加演出的人是任何组织机构的骨干，是让演出继续进行的人，是让你继续工作的团队。他们正在发挥自己的潜力。我们还能期待什么？这不应该是组织机构中每个人的愿望吗？

最优秀的领导者明白这一点，并准备投入所需的时间，使

---

① 马尔科姆·格拉德威尔，《完美的首席执行官》（*The Perfect Chief Executive*），《泰晤士报》，伦敦：2002年8月20日刊。

学习者蓬勃发展，并庆祝常规表现者的成就。还记得格雷格·戴克、约翰·莱瑟姆和大卫·加德纳等领导人的包容偏见吗？最近的研究表明，重现这种领导行为的组织机构持续时间最长。

沟通可操作的步骤。我们与许多组织机构合作过，在这些组织机构中，变革的压力被敏锐地感受到，愿景被巧妙地传达。但是没有人知道首先要做什么，或者为什么要做。他们也不知道第一步如何导致另一步，直到最终实现这个愿景。实际上，这是一种沟通障碍：没有人能够将宏大的愿景与日常行动联系起来。在他们能够做到之前，所有关于愿景的讨论都只是：说说而已。领导者的一个主要沟通任务是帮助人们在日常工作和首要目标之间建立联系——帮助他们理解自己在做什么。①

小松-卡特彼勒之争的这个经典案例很好地说明了这一点。这个故事开始于 20 世纪 60 年代。位于东京市中心的土方设备制造商小松制作了一个宏伟的愿景："Maru C"（环绕卡特彼勒）。当时，卡特彼勒作为全球土方机械行业的领导者，似乎是无懈可击的。至少可以这么说，小松的愿景看起来雄心勃勃，但它被分解成可付诸行动的步骤。

第一步是提高质量和安全，而不是降低价格。没有人想买便宜但不安全的机器。一旦达到可比的质量标准，下一步就是

---

① 迈克尔·海伊与彼得·威廉姆森，《战略管理手册》（*The Handbook of Strategy*），牛津：布莱克威尔出版社，1991 年。

降低成本。同等质量的廉价设备过去是，现在也是一种竞争主张。然后是产品差异化，最后是售后服务。这一步帮助实现下一步，直到愿景逐渐成为现实。

这是领导者必须努力沟通的逻辑，如果他们想把愿景变成具体的行动。在速度和时机方面，有两个明显矛盾的必要条件。

首先，迅速开始是很重要的。没有行动的远见卓识不久就会失去可信性。三思而后行是明智的建议，但如果走得太远，就会导致分析瘫痪。正如我们经常提醒那些和我们一起工作的人，"完美是优秀的敌人。"优秀的领导者能够迅速取得成功，让人们相信事情可能正在发生变化。还记得约翰·莱瑟姆和格雷格·戴克早期的干预措施吗？他们的行动显示出一种能力，卡尔·E.维克（Karl E.Weick）最近称赞这种能力为"边看边跳"。[1]

但是，正如迅速开始很重要一样，同样有必要认识到，你很难一蹴而就。第二件必须做的事是将变化划分为有时较慢的步骤———一次一个，以清晰和渐进的方式进行。记住彼得·包必达所说的网球鞋、训练鞋和跑步鞋所代表的形象。

为那些追随的人提供有效的奖励。采取措施改变事情是有风险的，所以那些跟随的人应该得到奖励。实际上，领导者必须为追随者提供一个问题的答案："这对我有什么好处？"危

---

[1] 卡尔·E.维克与黛安娜·库图，《感觉与可靠性：与著名心理学家卡尔 E.维克的对话》(*Sense and Reliability: A Conversation with Celebrated Psychologist Karl E.*)，《哈佛商业评论》，2003 年 4 月刊。

险在于，领导者认为他们发现的回报是由追随者分享的。生活很少如此简单。

与科研人员相比，销售人员的兴奋感会有所不同。与演员相比，学者的认可需求以非常独特的方式得到满足。专业律师所向往的社区可能与软件工程师的社区大不相同。当然，所有这些职业群体中的个体都不太可能完全符合这种刻板印象。正如我们在对情境感知的研究中所看到的，高效的领导者认识到这些差异，并为他们所领导的人建立一个丰富的形象。

此外，他们也明白，被衡量的东西会得到实现——在这里，我们再次回到节奏这个至关重要的问题上。实现短期、明确、可衡量的目标往往会分散人们对更重要的长期目标的注意力。

在宝丽金，首席执行官阿兰·利维清楚地明白其中的区别。虽然一个国家的企业通过重新发行现有材料和忽视对新人才的培养，明显超额完成了年度销售目标，但另一个国家的企业在寻求推出新剧目和发展剧目时，却始终未能完成年度销售目标。经过三年明显的失败，耐心在第四年得到了回报。一项新的法案被发现、发起并成功地在更大范围内推广。随之而来的收入远远超过了其他国家业务的增长。利维给了企业丰厚的回报——并让大家知道他得到了回报。不用说，这一集很快就变成了一个宝丽金的"故事"，巧妙地说明了那种产生最大回报的长期的、创造性的行为。

平衡短期需求与长期战略目标和有远见的抱负是一个常见

的困境，在许多设置和所有级别上反复出现。世界各地的领导者都需要考虑变革的压力、愿景、能力、起步以及有针对性的奖励。医院必须在候诊目标和更广泛的、更有效治疗疾病的愿望之间取得平衡。学校需要平衡考试成绩与学生的社会福利以及自尊之间的关系。制药公司必须在短期市场份额与长期承诺之间进行交易，以求获得突破性的治疗。这些问题不仅是那些处于战略顶端的人的问题，也是整个组织机构的护士、教师和研究人员的问题。

与这些相互竞争的需求相比，奖励制度从来不是完美的。领导者所能达到的最佳效果，是在市场变化和优先事项发生变化时，能够迅速做出调整。但是，重复一遍，快速适应不应以牺牲更长期的愿望或实际上是基本的伦理考虑为代价。这一主题是最后一章的重点。但在我们达到这一点之前，我们必须更全面地从追随者的角度来看待这个世界。因为，尽管我们强调高效的领导依赖于管理社会距离，与影响力沟通，理解节奏、时间和编排的技能，但这些都无法奏效，除非它能与追随者建立联系。

>>> 第八章

真诚地追随

追随者是领导等式的另一边。没有他们，就没有关系，也没有领导力。如果领导是一种动态的关系，适当的亲密和距离的平衡不断变化，以适应新的环境，那么追随者也生活在同样的动态关系中，但从不同的角度看待事物，这是合乎逻辑的。

如果领导者把握好了平衡，追随者就会感觉舒服。他们很高兴能接近他们的领袖，他们觉得自己的个性得到了认可，他们是团队的一部分。领导者已经充分展示了自己，让追随者知道他并不完美，这有两个结果。首先，他也允许他们不那么完美。其次，他告诉他们，领导者需要他们能为团队做出贡献。

与此同时，领导者的距离向追随者表明，这个人不怕做出艰难的决定。在我们会见和采访的许多领导人中，有陆军准将帕特·劳利斯（Pat Lawless）。从陆军军官训练学校毕业后，他选择领导这个国家内战中最重要的黑人军团之一。他告诉我们，当他第一次上任时，他非常依赖他的黑人副手。在他第一次视察中士食堂时，他毫不含糊地告诉劳利斯，要想成为一名高效的领导者，他不应该期望甚至不应该寻求受到普遍欢迎。当然，他希望大多数人喜欢他，但重要的是，即使那些不喜欢他的人也必须尊重他。对无法无天的人和我们来说，这是领导力的重要一课。领导者必须始终服务于组织机构的更高目标，而不是被个人因素所左右。

　　追随者也有陷阱。作为领导者，他们必须理解亲密关系的局限性以及亲密和友谊之间的区别。他们必须意识到，当领导者增加距离时，他或她是在为组织机构的事业服务，而不是攻击他们。如果没有这种理解，当平衡转向亲密时，追随者往往会觉得自己太特别、太崇拜明星，而当领导者表现出距离时，追随者则会感到背叛和怨恨。记住，不管这个领导离你有多近，他总有一天会炒了你。

　　一个滥用距离或亲密关系的领导者会被认为是狡猾和有控制欲的。在这种情况下，追随者不需要建议。他们会关闭自己的情感，以减少对自己的伤害，他们也可能会开始寻找其他工作。从长远来看，这种糟糕的领导培养的那种玩世不恭、冷漠的员工不太可能做好工作。这个领导人迟早会被追究责任并被替换。不幸的是，这可能需要很长的时间，而且在此期间会给本组织机构造成很大的损害。

　　然而，当领导者做到了平衡，这对每个人来说都是一种积极的情况。领导者和追随者都有一种为组织机构压倒一切的事业或目标而工作的磨砺良好的团队的兴奋感。因为有这种感觉的人更有可能成功，这对于组织机构、客户、合作伙伴和投资者都有好处。这既是对优秀领导的奖励，也是对优秀领导的定义。

追随者们想要的是什么？

所以，把自己想象成一个追随者，问问自己，你对一个领导者有什么期望？

也许令人惊讶的是，研究人员很少明确地提出这个问题。我们有很多关于领导力的研究，但对追随者的分析才刚刚开始。然而，作为一个领导者，如果不知道追随者想要什么或需要什么，就很难有效地运作。在第四章和第五章中，我们论证了高效的领导者对环境是敏感的，包括他们对追随者的需求，并且能够相应地调整他们的风格。但是有可能概括追随者想要什么吗？在我们的工作过程中，我们询问了很多关注者，他们的回答包含了很多不同的东西。但我们仍然认为，他们的反应是有模式的，可以用四个大标题来描述。追随者想从领导者那里得到的四个要素是本真性、重要性、兴奋感和团体感。

此外，尽管缺乏专门的追随力研究，但是有大量的组织机构支持我们的观察。这是一项关于激励、团队行为和沟通的不断扩展的研究。更重要的是，我们个人与领导人直接打交道的经验是，他们中最好的人凭直觉把握这些普遍原则并付诸行动。

本真性

首先，最重要的是，追随者们要求真实。我们希望我们的领导人向我们展示他们与我们之间的一些真正的人性差异，展示他们是谁。而缺乏这种真实性的领导者有一个致命的缺陷，所以，尽管很难定义它，但当我们看到它时，我们知道它是不真实的。

每一个追随者都会回答这个问题："为什么我要被你领导？"通过考虑你的不同之处（作为一个追随者，这可能对我有吸引力）？你展现这些个人差异的能力是你领导能力的基础。在这本书中，领导者最好的例子就是做自己，从而在追随者的眼中脱颖而出。

正如我们所指出的，谨慎地沟通"你是谁"通常依赖于选择适合你的渠道。回想一下托马斯·萨特伯格精心安排的会议或西蒙·古利福德的路演。

现在问问你自己，你清楚在领导环境中对你有用的差异吗？你能熟练地与他人沟通吗？他们知道你是谁？你从哪里来吗？

重要意义

其次，追随者需要感到自己很重要。简单地说，他们的贡献需要得到承认。社会心理学家一再强调人类对于认知的深刻需求。因此，作为个体，我们似乎经常想要得到它，但却不愿去给予他人，这一点值得注意。其结果是认知缺陷。这是为什么呢？有很多解释。一些高管似乎太忙了。这一点在他们的日常生活中无足轻重。他们误认为活动是有效的。[1] 这些人把他们的认可，无论好坏都留到年度评估中。

另一些人似乎在性格上不适合提供个性化反馈，而这种反馈对于熟练的识别是必不可少的。不要忘记，有相当多的内向者找到了进入最高层领导职位的途径。当然，内向的人会让别人觉得自己很重要，但这往往需要更多的努力。在其他情况下，问题似乎是文化上的。例如，英国人在给予和接受表扬时常常感到不自在。在一些特别激进的企业文化中，当务之急是"只管去做"，只有懦夫才需要得到认可。

我们所有的经验是，高效的领导者总能找到方法来突破这些障碍。马丁·索雷尔（Martin Sorrell）或许是一位强硬的、受财务驱动的领导者，但这并不妨碍他花时间仔细、迅速、亲自回复来自世界各地同事的电子邮件。格雷格·戴克在上任后的几天内就公开赞扬了保守的、非常"英国"的 BBC 所有人的贡献。还可以想想约翰·莱瑟姆在课堂上度过了艰难的一天后，抽出时间给他那位心烦意乱的同事写了封便函："你真了不起。"

在长期担任通用电气首席执行官兼董事长期间，杰克·韦尔奇以手写笔记著称。他可能会感谢同事出色地完成了工作，或者只是鼓励他们更加努力。但关键是，尽管工作量巨大，韦尔奇还是抽出时间写下了几句精心挑选的赞誉之词。他知道这

---

[1] 海克·布鲁赫与舒曼特拉·高沙尔，《管理是行动与达成的艺术》（*Managing Is the Art of Doing and Getting Done*），《商业战略评论》，2004 年秋。

有多重要。当然，手写便条的伟大之处在于，它具有高度的个性化和持久性。我们的一位同事最近去东京拜访一位著名的日本商业顾问和思想家，他注意到墙上挂着韦尔奇的一张便条。许多通用电气的员工都有类似于他们的领导认可的证明。

或者想想托马斯·萨特伯格小心地使用眼睛，以确保参加会议的每个人都觉得他在看着他们。最后，请记住皮特·戈斯的目标是让所有的船员感到，如果没有他们个人的参与，航行是不可能完成的。当你考虑这些情况时，问自己这样的问题：你是否对那些你希望领导的人给予同样的关注？你是否让他们觉得他们正在努力实现的目标很重要，他们自己也有重要的角色要扮演？

兴奋感

第三，追随者需要一种兴奋感。从根本上说，领导力包括激励他人做出更高水平的努力和表现。这不仅仅是简单地把事情做完或者继续做我们昨天做过的事情。领导者如何以这种方式提升员工能力？他们如何传达这种兴奋？部分原因是利用了他们的个人差异。在一定程度上，这是通过从个人亲密到距离的移动，以及这种移动经常产生的边缘感。我们所见过的一些最高效的领导者，由于他们对社会距离的管理，仍然保持着一种相当神秘的特质。这反过来又会让他们变得有点神秘。

但除此之外，领导者往往能够通过对清晰表达的个人价值观和愿景的激情承诺来激励他人。这是领导力文献中一个很好的主题。像史蒂夫·乔布斯、比尔·盖茨、杰克·韦尔奇和安妮塔·罗迪克（Anita Roddick）这样的商业领袖似乎能够用他们的激情感染他人。高效的领导者会产生令人振奋的时刻。

有时，当我们完成领导力发展研讨会后，我们会问参与者两个经常让人困惑的问题。首先，你是否每天在工作中都能让人们表现得更好？第二，当你在这个工作坊结束后回到你的工作场所时，同事们会有什么感觉？他们会说："太好了，他回来了，满脑子都是新想法。"你是公司的能量来源吗？问这些问题可以产生有趣的，有时是令人不安的见解。

团体感

第四，追随者希望感觉自己是社会团体的一部分。人类天生具有社交能力，渴望团结。他们有一种根深蒂固的渴望，想要归属，想要感觉自己是某个更大事物的一部分，想要与他人相处，而不仅仅是领导者。更广泛的社区的性质各不相同。正如我们在第五章中所概述的，有些是激烈的，包罗万象的，而另一些则更加多样化和支离破碎。但无论如何表达，人们都有一种基本的愿望，那就是将高效的领导者所利用的资源联系起来。还记得大卫·加德纳的庆功宴之旅吗？

或者想想校长约翰·莱瑟姆个人发起的反对乱扔垃圾的运动，它生动地提醒了所有学校社区成员的权利和责任。最后，考虑一下保罗·麦克德莫特（Paul McDermott）对这个陷入困境的社区的长期忠诚，他为这个社区服务了近 20 年。

所以问问你自己，你是否产生了一种归属感？你是一个社区建设者吗？你是否帮助人们相互联系，并达到组织机构的首要目标？

当个体与他人交流自己的真实感受，并产生对他人的意义感、兴奋感和团体感时，他们就掌握了领导关系的基本知识。他们正在帮助他们的追随者建设性地回答这些基本问题：我们为什么在这里？我们的目的是什么？我们共同能取得什么成就？你为什么当领导？

如何成为一名追随者？

如果这四个要素是追随者对领导者的期望，那么领导者又应该对追随者期望什么呢？怎样才能成为一个好的追随者？追随者如何才能为建立高效的和真实的领导做出贡献？最后，这些都是我们所有人的问题，因为尽管有些人可能成为领导者，而其实我们都是追随者。

这些问题之所以紧迫，是因为有持续不断的证据表明，追随者往往能够"误导"领导者。例如，在 20 世纪 60 年代初，肯尼迪总统以情报可疑和同事的建议为基础，加强了美国对越南的干预。大约 40 年后，英国首相托尼·布莱尔（Tony Blair）对入侵伊拉克的支持，似乎也是基于顾问们同样容易出错的观点。在商业环境中，还记得安然（Enron）董事长肯·雷（Ken Lay）如何将公司戏剧性的失宠归咎于不道德的下属。在每一种情况下，批评者都会辩称，领导人听到了他们想听到的。但就像领导一样，跟随也是一条双向的道路。

林恩·奥弗曼（Lynn Offerman）的研究表明，领导者可能会在很多方面成为追随者的牺牲品。[①]首先，有些追随者强加了一种多数决定原则。比方说，传统上，技术主导的公司（由技术人员主导）开发的产品通常对他们的技术同事很有吸引力，但对最终消费者却没什么意义。再比方，IBM、苹果和戴尔都曾在不同时期经历过大规模的失败，其原因至少在一定程度上可以归结为：领导者无法抗拒其技术专家组成的集体队伍的正确逻辑。

其次，在某些情况下，领导者可能会被一种更微妙的手法所愚弄：拍马屁。他们喜欢喜欢他们的人。但是，领导者，尤其是那些有自恋倾向的领导者往往会全盘接受他人的奉承，并产生夸大的自我价值感。这是一种解释高管（有时拥有堪称楷模的领导力记录）在职业生涯即将结束时接受丰厚薪酬或退休待遇，可能会损害他们来之不易的声誉的方式。

在每一种情况下，追随者都可能在领导的失职之时扮演积极的角色——尽管并不总是有意识的。但显然，也有一些情况下，

---

① 林恩·奥弗曼，《当追随者们变得危险》（*When Followers Become Toxic*），《哈佛商业评论》，2004 年 1 月。

潜在的追随者只是与有抱负的领导者及其组织机构脱离或疏远。在许多方面，这种超然可能是现代组织机构生活中最令人担忧的症状。正如官僚角色榨干了领导的命脉一样，它们也造就了不敬业的下属，而非积极敬业的追随者。

在本书中，我们一直认为高效的领导者能够激励和吸引追随者。但我们也认为，领导力是一种（非等级）关系。下属也许不能决定谁是他们的老板，但最终决定谁是领导的是下属。根据定义，"好的追随者"是积极参与的。他们是志愿者，而不是应征者，而且，毫不奇怪，他们具有优秀领导者的一些特征。在现代组织机构中，许多领导者有时必须占据追随者的位置。事实上，亚里士多德曾经指出，所有伟大的领袖都必须首先学会追随。那么，怎样才能成为一个好的追随者呢？

首先，他们准备发言——即使这涉及重大的个人风险。好的追随者会告诉领导者他们眼中的真相——不管他们是否愿意听到。沃伦·本尼斯（Warren Bennis）引用了传奇电影大亨萨姆·戈尔德温（Sam Goldwyn）的话。在经历了一系列票房灾难后，戈尔德温把自己的员工召集在一起，告诉他们："我要你告诉我，我和米高梅到底出了什么问题，即使这意味着丢掉你的工作。"[1]

是什么激励追随者去承受这些风险？就像领导者一样，这与他们对一个总体目标也有共同的承诺这一事实有关。在最好

---

① 沃伦·本尼斯，《创造的生活：有关领导力与变革的反思》（*An Invented Life: Reflections on Leadership and Change*），科罗拉多州博尔德：珀修斯图书出版社，1994 年。

的情况下，有责任心的追随者会试图提醒领导者"我们为什么在这里"。他们非常关心组织机构的使命和自己的相关抱负，以便能够表达关注和批评。在极端情况下，作为最后的手段，这是以告密的形式出现的。但是，如果愿意直面领导者的追随者能够得到倾听和回应，就会健康得多。

当然，并不是所有的追随者都会表达同样的担忧。事实上，如果优秀的领导人寻求多样性和建设性的不同意见，我们应该期待那些与众不同的敢于直言的人。还记得彼得·包必达的那句话吗？另一半觉得节奏太慢？领导者的工作通常是听到这些不同的声音，然后寻找一个共同的焦点或一组利益，可以形成他们领导的基础。

其次，追随者会准备好补充领导者。他们会在不同的情况下发展出对自己的要求。例如，他们认识到在我们所称的网络文化中，流畅的人际交往技巧的重要性。相反，他们会欣赏雇佣军文化对纪律严明、行动迅速的重视。他们明白在支离破碎的文化中自由、自主和有限互动的重要性。但那些身处紧密团结的集体文化中的人，却积极地寻求那种通常能将这些组织机构凝聚在一起的强烈的、集体的互动。

追随者这支队伍，他们将提供平衡力量。我们之前指出，一些领导者显然具有实现平衡的直觉能力。这通常从了解他们自己的长处和短处开始，以及发现那些能够帮助他们的人的能力。但是好的追随者通常会回报称赞——知道领导者能做什么和不能做什么，理解弱点并做出相应的反应。在商界，你经常会在一位高效的董事长和首席执行官之间的关系中看到这种团队合作，或者在体育比赛中，在教练和教练之间。就像最好的领导者一样，好的追随者知道他们什么时候做得最好。他们能够做更多的自己。

第三，追随者对变化和时机有着熟练的鉴赏能力。他们明白，领导者必须在一定程度上保持一致。没有这一点，领导者就不太可能找到与他们希望成为追随者的人之间的联系或共同原因。但是，一旦追随者们看到有证据表明领导者的能力和一致性——领导者可以做到他们所说的，并且是忠诚的——他们就有可能给领导者创新和变革的空间。E.P. 霍兰德（E. P. Hollander）称之为"特质信贷"。[①]

像克林顿总统在他的第一届政府中为赢得对他的项目的支持所做的那样，拥有微弱多数的政治领导人经常建立这样的信用。同样地，托尼·布莱尔也获得了创建"新"工党的机会，前提是党员们相信他至少有能力保护"旧"工党的一些"王冠上的宝石"（社会福利、国家医疗服务等）。在每一种情况下，显然不情愿的追随者比通常所承认的更愿意参与变革过程。

但是，正如追随者能够认可变革和连续性一样，他们也能够容忍领导者在社会亲密和距离之间转换。他们不会把领导者和最好的朋友混为一谈。相反，他们认识到，为了实现共同的

---

① E.P. 霍兰德，《一致性、地位与特殊信任》（*Conformity, Status and Idiosyncrasy Credit*），《心理学评论》第 65 期（1958 年）；以及《领导者、团队与影响力》（*Leaders, Groups, and Influence*），牛津：牛津大学出版社，1964 年。

目标，分离即使只是暂时的，也是必要的，甚至是不可避免的。

因此，有技巧的追随者不可避免地需要接受一定程度的模糊性和不确定性。这种做法有悖于流行的观点，即追随者指望领导者提供安全，尤其是在不确定时期。那些期望领导者能得到所有答案的追随者是天真的——这样的期望对他们的领导者没有任何帮助。在一个日益快速变化和复杂的世界里，关键是帮助领导者学习。追随者应鼓励双方在应对不断变化的环境和需求时进行相互探索。

在这个过程中，一些追随者可能会成为领导者。相反的情况肯定会发生：总有一些地方的领导者需要效仿。最终，追随者的责任是抵制盲目服从，并知道何时从失败的领导者那里收回支持。这可能是一条细线。正如我们一直说的，领导力不可避免地会带来个人风险。有时事情会出错。当他们这么做的时候，往往是，但并非总是如此，领导者会因为一个致命的缺陷而偏离轨道。

然而，也有其他时候，领导者会因为其他原因而失败。例如，他们可能会与他们无法控制的外部事件或内部政治发生冲突。事实上，领导是一项危险的职业。没有成功的保证，没有神奇的公式。但我们也相信，无论付出什么样的代价，这个奖项都是值得的。这是我们在最后一章探讨的问题。

>>> 第九章

领导力的代价与奖励

在本书中，我们试图帮助你解决一个困难和具有挑战性的问题：为什么任何人都应该由你领导？这个问题没有简单的答案。领导力是复杂的，而伟大领导力的秘诀是抵制简单的"食谱"。在已出版的自传中分享自己的见解和经验的成功领导者给了我们重要的线索，但却不能提供"答案"。那些有抱负的领导者如果试图模仿他们的英雄，就会犯致命的错误。关键是要更像你自己，而不是更像别人。除了你，没有人能写出这个"食谱"。就像这本书一样，我们怀疑你一夜之间就能读完，然而，更有技巧地做自己是一项终身的任务。

从自传到领导力研究中寻找问题的答案，你可能也会失望。它过于关注个人，忽视了领导力是一种关系的现实。更重要的是，这些人通常都是处于或接近最高等级的男性。正如我们所指出的，混淆等级和领导力是一个致命的缺陷，它破坏了许多关于领导力的讨论。如果你是一个领导者，等级制度可以帮助你，但它永远无法解释你的领导力。

"科学的"尝试去衡量那些作为领导者的个人的模式差异，在很大程度上是失败的。领导力的最终属性列表从来没有完成过——因为根本就没有。如果有的话，它将需要随着环境的变化和关系的改变而不断改变。实际上，这解释了为什么新"食谱"

年复一年地出现。最近流行的所谓"安静领袖"，而非 20 世纪90 年代庆祝的具有超凡魅力的英雄，再次说明了风格必须如何适应环境和时代。时代在变，我们对领导人的期望也在变。

超越简单的答案

我们曾试图抵制一种习惯——我们在我们的书中包括了来自不同地方、不同组织机构的男人和女人。因此，我们的中心论点是，领导力是情境性的、非层级性的、相关联性的。你可能会觉得这几乎是常识，但你会惊讶地发现，人们经常忘记这一点。

对领导者的要求不可避免地会受到环境和关系的影响。一项基本技能必须是感知这些不同的环境——理解时间和地点，并作出相应的反应。高效的领导者知道自己行动的局限和机会；知道什么时候该靠近别人，什么时候该分开；知道什么时候加速，什么时候减速。高效的领导者不能用一系列理想的特质来恰当地解释。他们的成功源于在一系列复杂的关系中积极参与，这些关系往往是在截然不同的环境中精心培养出来的。

那些得到这个权利的人生存下来是为了实现他们的目标，犯错的人往往会偏离轨道。例如，近年来吸引人们兴趣的首席执行官高流动率，至少可以部分解释为，我们感觉不到糟糕的形势，以及无法与这些高管渴望领导的人建立联系。但媒体对高层领导人失败的关注，不应让我们得出这样的结论：这些挑战是高管独有的。这些人之所以吸引我们的注意，是因为他们是身居要职的知名人士。我们对他们有所了解，觉得我们可以做出判断。

但是同样的挑战也存在于各个组织机构的领导者面前。因为领导力是非等级的——而伟大的组织机构有很多级别的领导者。在这本书中，我们向你介绍了一些不太为人所知的领导者。无论他们身在何处，他们面临的挑战都是相同的：做自己，但要有技巧，要有语境。因为我们追随的是什么样的人，而不是职位。这些人中最优秀的人表现出足够的真实自我——他们的差异、激情、价值观，甚至弱点——来吸引和激励他们的追随者。可以说，他们的真实性从未受到如此大的需求。

领导未完成的

在本书中，我们提到了许多领导者——从大型商业企业的高管到志愿组织机构中相对较低层次的个人。你可能已经注意到有些人已经离职了。这一点我们不能轻易忽视。我们必须讨论领导者下台的过程。

也许最引人注目的案例是 BBC 总干事格雷格·戴克的去世。正如戴克在他富有洞察力的自传中所言："在短短三天内从英国最有影响力的媒体工作岗位失业。"在过去的 50 年里，他给 BBC 带来的影响可能比任何一位领导人都要大，但他却被迫辞职，原因是他自己的董事会。事实上，要么辞职，要么被解雇，这是一个严峻的选择。那么，是什么促成了戴克命运的戏剧性逆转呢?

首先是故事的梗概。2003 年 5 月 29 日，BBC 的记者安德鲁·吉利根（Andrew Gilligan）在 BBC 旗舰广播新闻节目《今日》（Today）上发表的一篇报道指责英国政府，尤其是那些与托尼·布莱尔（Tony Blair）关系密切的人，对萨达姆·侯赛因（Saddam Hussein）据称在伊拉克拥有大规模杀伤性武器的报道"性别歧视"。这是 BBC 与英国政府对峙的导火索，导致 BBC 董事长、高盛（Goldman Sachs）前经济学家加文·戴维斯（Gavyn Davis）和首席执行官格雷格·戴克双双离职。最终，赫顿勋爵发表了《赫顿报告》（Hutton Report），对围绕这场争端的事件进行了调查，其中包括处于争论核心的高级武器专家大卫·凯利（David Kelly）博士的悲惨自杀。赫顿的报告几乎完全为政府开脱，并将这场混乱完全归咎于 BBC。戴克被迫下台。

他的辞职引起了员工们不同寻常的反应——不是因为他们普遍的幸福感，也不是因为他们对管理的热爱。成千上万的人涌上街头，不仅在伦敦，而且在大的区域中心和威尔士、苏格兰和北爱尔兰的首府。美国全国广播公司（NBC）前总裁兼首席执行官赫伯·施洛瑟（Herb Schlosser）表示："我在网上看到 BBC 员工游行支持一位首席执行官。这是西方世界历史上的第一次。"[①] 这部分是受格雷格·戴克自己的告别邮件的启发，

---

① 格雷格·戴克，《内幕》，伦敦：哈珀柯林斯出版社，2004 年，第 33 页。

我们在这里完整地再现了这封邮件。这证明了他在情感和智力上与 BBC 这个机构及其人民有着密切的联系。

这是我所写过的最为艰难的电子邮件。不久之后，我会对外宣布，我将在担任总经理一职的四年之后离任。我不愿离开，我会非常想念这里的每个人。然而，英国广播公司的管理在《赫顿报告》中受到了严厉批评，作为总干事，我负有责任。

我承认 BBC 做出了错误判断，我很遗憾地得出结论，只要我还在这里便很难为整个事件画上句号。我们需要关闭。我们需要关闭来保护 BBC 的未来，这并非为了你我，而是为了所有人的利益。这听起来可能有些浮夸，但我相信 BBC 真的十分重要。在整个事件中，我作为 BBC 总干事的唯一目标就是捍卫我们的编辑独立性，并为公众利益行事。

四年来，我们取得了很多成就。我相信我们已经从根本上改变了这个地方，我希望这些改变将在我身后持续下去。BBC 一直是个伟大的机构，但我希望，在过去的四年里，我帮助 BBC 成为一个更人性化的地方，在这里工作的每个人都能感到被欣赏。如果这是真的，我会心满意足地离开，即使心中满怀悲伤。

谢谢你们给我的帮助和支持。这听起来可能很伤感，但我真的会想念你们所有人。

格雷格。[1]

---

① 同前页。

追随者能动性

超过 6000 名员工回复了戴克的电子邮件——绝大多数人对他们的领导离职表示遗憾。戴克在对这些事件的叙述中特别提到了两封回复。它们强有力地证明了他给 BBC 带来的影响。

你最大的成就是给那些被系统扼住咽喉、遭受阉割，或是切除脑叶的人以生命之吻。你让我们充满活力，热爱 BBC，再次尊重总监的角色，这是一笔了不起的遗产。[1]

……为你给 BBC 带来的远见和活力作证。男男女女，甚至记者，今天都哭了。人们聚在一起谈论他们的情绪、他们的恐惧、他们的挫折，所有这些都是因为让他们开始对 BBC 的未来感到充满希望和自豪的那个人已经走了。[2]

所有的证据，包括员工士气的硬数据，都表明戴克对这个身陷困境的组织机构产生了巨大的影响。他怎么能被迫不愉快地辞职呢？

我们要表明一点。我们认为，他的被迫离职对于该组织机构来说是极具破坏性的。他过去是、现在也仍然是位鼓舞人心的领导者，正如我们在本书中所试图展示的那样，所有渴望成

---

[1] 同前页。

[2] 同上。

为领导者的人都可以从他的经历中学到一些东西。但他的让位也给我们带来了教训。戴克的确是犯了错误。

我们的论点中一直强调的主题是高效的领导绝对依赖于真实自我的表达。简单的格言是"做你自己"。"戴克在这一方面做得十分出色。他对自己很好奇——也就是说，他追求自我认识（在一定程度上），并准备好揭示他真正关心的东西。正如我们前面所讨论的，他也揭示了自己的弱点，比如偶尔发脾气。但是还有一些东西，也许是致命的缺陷。他的职业生涯有某种模式。戴克一年后离开了电视公司 TV-AM，当时他和澳大利亚老板布鲁斯·金格尔（Bruce Gyngell）闹得很僵。随后，他失去了对心爱的伦敦周末电视台（London Weekend Television, LWT）的控制权，与基金管理公司水星资产管理公司（Mercury Asset Management，简称 MAM）之间的不和至今仍令他耿耿于怀。最后，他失去了英国媒体最重要的工作和世界上最重要的广播工作之一。事实是，格雷格喜欢打架，他发现自己很难不打架。他在自传中多次承认这一点。例如，在 BBC 对《赫顿报告》的回应中，他说："在 BBC《24 小时新闻》（News 24）节目上，这一消息立即被解读为 BBC 的'强烈回应'。就我个人而言，我认为这是一种和解，但和解不一定是我的强项之一，所以我可能不是最好的评判人。"①

当 LWT 被格拉纳达电视台收购后，戴克被邀请留下。他拒

---

① 同前页。

绝了。他把新东家视为"敌人"。对他来说，也许世界被划分成朋友和敌人有点太明显了。

我们还建议，高效的领导需要高度的局势感知能力。戴克再次出色地指出了BBC节目制作人士气低落的原因。他对那些才华横溢、富有创造力的人有着强烈的同情心，正是这些人让BBC这样的机构获得了成功。此外，他还认同级别较低的人——餐饮人员、保安人员和司机——其中许多人都是他最崇拜的人。但是，在那些逐渐主导BBC董事会的当权派人物中，他感觉到了什么呢？

正如我们之前提到的，最初戴克试图与他们相处。但在他生命的核心，他不能假装尊重他不尊重的人。这是他拒绝玩的政治游戏。"我看不出我有什么理由要像对待其他人那样对待州长们。我当然不会把他们走过的地球当作圣地。这不是一个故意的决定。我就是这样。"①

这就是他的下场。戴克尤其低估了被他称为"高贵女士"的州长们的反对意见：豪格男爵夫人（Baroness Hogg）和宝琳·内维尔·琼斯夫人（Dame Pauline Neville-Jones）。他知道他们不喜欢他，但在《赫顿报告》引发的愤怒达到巅峰时，他相信自己会留下来。《赫顿报告》称，他与长期担任加州州长、同政府机器关系密切的前高级公务员宝琳夫人（Dame Pauline）达成了协议。她有别的想法。豪格男爵夫人还破坏了戴克的地位，

① 同前页。

对他所支持的一切发动了攻击。当他们宣布他必须辞职或被解雇的消息时，他大吃一惊。"我当然应该预见到它的到来，"他后来承认，"但我没有。我完全惊呆了。"①

裁决

在本书中我们也讨论过，高效的领导者认同他们所领导的人。同样，格雷格·戴克在这个标准上做得很好。对于那些在组织机构中处于核心地位的有创造力的人，他会真诚地表示认同。例如，当被要求在伦敦国家科学博物馆发表演讲时，他首先展示了广受欢迎的 BBC 科学节目《蓝色星球》（*Blue Planet*）和《与恐龙同行》（*Walking with Dinosaurs*）中的大量片段。稍作停顿后，他宣布："这是世界上最好的科学节目。"

戴克自豪地领导着一个渴望在其所做的一切中丰富人们生活的组织机构。但是，当他对一份近乎指责首相办公室说谎的报告的广播做出回应时，他是否对新闻团队的认同感过高了呢？可能。也许，在这个场合，谨慎的确是勇猛的象征。

最后，格雷格的追随者呢？我们可能永远不会知道他从所在的顶级团队中收到了什么建议，尽管有几个人在非正式谈话中告诉我们，他变得如此专注于捍卫 BBC 的独立性（关键问题在于他看了这一点），周围人建议他不要去阻拦吉利根的报告并

————————————

① 同前页。

为此赌上他的全部，但他却对此完全无视。

高效的领导者需要足够强大的追随者来挑战他们。正如我们在前一章中所指出的，真正的领导者需要真正的追随者——如果他们觉得自己的判断力受到了损害，那么他们就会足够在意挑战领导者地位的首要目标。此外，领导者本身必须鼓励强大的追随者。确保挑战是他们的义务。对于像格雷格·戴克这样有魅力的领导者来说，真正的危险是"没有什么能在一棵强壮的橡树下生长"。我们的结论是，戴克想念他的好朋友和导师、BBC 前董事长克里斯托弗·布兰德爵士（Sir Christopher Bland），他在《赫顿报告》发表之前就辞职了。很难相信布兰德会允许他与政府进行如此直接的对抗，或者允许州长们以如此懒散的方式行事。

戴克的离开会给 BBC 带来什么后果，这仍然是个难题。他的确在相对较短的时间内取得了很大的成就。随着时间的推移，或许他认为至关重要的，他倾注了大量精力的文化变革也会深入人心。但迹象并不好。我们的研究表明，BBC 的很大一部分节目已经回归了过去的风格——自省，有点悲惨。正如我们采访过的一位 BBC 内部人士所说，"不再是快乐的废话——一切都恢复了正常。"

在我们写这篇文章的时候，裁员已经计划好了，广播工会正在积极考虑罢工行动。戴克被迫离职的代价可能是，他所带来的大部分变化和不幸都是短暂的。这就是领导力的奖赏和代价。这就引出了我们的最后一点：归根结底，领导力不应以其受欢迎程度来评判，而应以其有效性来评判。

道德领导力

从始至终，我们一直认为，领导力本身永远不是目的——它总是以追求最高目标为特征。它既不是一种简单的技术，也不能通过仔细遵循配方或公式来实现。相反，只有在追求一个目标的过程中，它才会成为现实（本书的另一个主题）。

但目标是什么：增加经济利润？养活世界吗？治疗生病的孩子吗？还是破坏竞争？领导者必须做出选择。这个选择从根本上讲是道德的。这不是一个可以用拐弯抹角的管理语言来回避的问题。领导者激励他人在追求目标时表现出色。他们无法避免选择目标所需要的道德义务。这就解释了为什么马克斯·韦伯如此确信魅力型领导是对抗世界无休止的官僚主义的最佳防御——或者用他令人难忘的话说是"世界的觉醒"。正是伦理命令性的必要性，防止了人类的生命仅仅被技术理性所征服。技术理性是指无论你遇到什么问题，我们都能找到一个技术上合理的解决方案。伦理道德的必要性则在乎有因才有果，它使一切有了意义。

但就连韦伯也不得不承认，领导力也可能是危险的。没有人能保证高效的领导者一定会取得"好成绩"。事实上，人类历史上到处都是这样的领导人，他们激发他人的能力已经导致了几乎无法估量的伤害。许多危害人类的最严重罪行都可以归咎于有魅力的领导人。如果没有道德目标，领导力只是一种工具，可以让许多人的努力屈从于一个人的意志。

然而，我们仍然乐观。我们认为，高效的领导能够对追求崇高目标产生如此深远的影响，我们决不能退缩。我们不能让领导的危险使我们偏离探索个人在自身环境中成为更高效的领导者的许多方法。正是因为领导力在释放人类能量方面具有如此强大的力量，领导者必须提出并回答棘手的道德问题。

对于企业来说，这些都是关于目的的问题：企业真正的目的是什么？对于资本主义企业来说，传统上的答案是增加股东价值。事实上，像经济学家米尔顿·弗里德曼（Milton Friedman）提倡的这种观点的狂热支持者辩称，这是唯一在道德上站得住脚的立场，任何其他观点都只涉及雇员——首席执行官和其他高管——将他们的个人价值观强加于他们并不拥有的组织机构。我们认为，仅以股东价值等概念作为领导力的基础是不够的。相反，从长远来看，成功的企业被激励着去追求其他的目标，而这正是他们为股东带来价值的副产品。

在我们花在公司内部和公司周围的所有时间里，我们从来没有听到过这样的电话："对不起，我今晚会很晚回家——我在增加股东价值。"我们听到过这样的呼吁：帮助同事、取悦客户、创作美妙的音乐、推动研究、获得个人财富等各种各样的事情，但股东价值的咒语从未让任何人获得非凡的业绩。

这可能有助于解释当代对公司治理的痴迷——一种试图回答道德问题的程序性尝试。领导人也不能躲在这里，不管他们喜欢与否，他们设定的目标都会产生伦理上的影响。他们可以从大卫·休谟的话中找到灵感，休谟是最热情的理性主义者。"贪婪，或对利益的渴望，"他指出，"是一种普遍的激情，它在任何时候、任何地点、任何人身上都有作用。"[①]令人好奇的是，一位18世纪的苏格兰哲学家如此接近于表达当代的主流精神。

然而，在这个动荡的时代，我们更倾向于启蒙运动的另一位巨人伊曼努尔·康德（Immanuel Kant）的观点。他的伦理理论在他的自治学说中得到了最清晰的表达，这对本书的许多重要主题都具有重要意义。

首先，他坚持认为，我们永远不能把等级制度作为道德的基础——无论什么时候我们面对一个命令，我们都有责任判断它的道德。这和安然公司文件的碎纸机以及阿布格莱布监狱的美国狱警一样重要。它直接关系到我们对领导是非等级制和关系的坚持，它强调了领导者和追随者都应该承担的道德责任。

其次，康德试图提出一种可以指导我们的良心的原则——这似乎也与我们现在所生活的世界有着极其密切的关系："永远把每个人都看作是他自己的目的，永远不要把他仅仅当作达到目的的手段。"[②]这一鼓舞人心的道德原则恰恰解决了我们开始写这本书时所关注的问题——作为自由条件的共同道德价值

---

① 大卫·休谟，《关于道德、政治与文学的论文》（*Essays, Moral, Political, and Literary*），印第安纳州印第安纳波利斯：自由经典出版社，1987年。

② 引用自卡尔·波普，《寻求更好的世界》（*In Search of a Better World*），伦敦：劳特里奇出版社，1992年。

观的必要性，以及在一个社会融合的旧源头越来越薄弱的时代中寻求一种社区意识。领导者和他们的追随者可以共同努力，创建有意义的组织机构，建立和表达真实自我的社区。

对于领导者来说，这总是涉及个人风险。他们必须始终愿意做出承诺——知道自己可能会失败。这是领导力的代价和奖赏。

夏尔·戴高乐尖锐地评论了那些渴望领导世界的人，"他们必须为领导付出的代价是不断的自律、不断的冒险和无休止的内心斗争……这就是挂在庄严的衣襟上的那种模糊的、忧郁的感觉。"①

有目的性的领导力

领导是困难的，但值得。所以我们不要以悲观的调子结束。我们经常会惊喜地发现，在各种环境中，领导者都能给组织机构带来意义和高绩效。它们提供了目标和刺激。在生活于独特性和必要的一致性之间，它们会产生影响。

就在我们写完这本书的时候，我们有幸参加了当地一家社区医疗机构的高级合伙人的退休派对。这位医生因为他的慈善事业和社区工作以及他的专业成就在当地很有名。大厅里挤满了他的数百名病人，每一位到达会场时都受到了医生的亲自问

---

① 约翰·阿戴尔，《激励性领导力》，伦敦：索罗古德出版社，2002 年。

候。这就产生了一个很长的队列，但似乎没有人介意。然后是演讲。从病人、同事和朋友身上，我们发现了一个一致现象：

"你是无可替代的。"

"你是约翰医生，你并不是在演戏。"

"你将我们每个人都视为独立个体——而不仅仅是个数字。"

"你从不下班。"

"你真的在乎我们。"

"你帮助我们建立了一个伟大的实践。"

"你展示出了你的热情，还无论是为慈善筹款，为市政委员会服务还是为高速驾驶。"

"你从未停止工作——感谢上帝你有位一直支持你的妻子。"

"在慈善徒步旅行中——即使周围的人比你年轻 20 岁，你也总是在最前面！"

聚会快结束时，一位同行的来自慈善机构的背包客动情地讲述了一次经历，约翰博士中断了一次徒步旅行，因为他花了两天宝贵时间在喜马拉雅山的一个偏远地区帮助了当地需要医疗救助的人。

"你说的太棒了，"最后约翰博士也坦承，"但你们很多人都知道，在我需要的时候，我是一个很难相处的客户。"

这一事件是一个令人心酸的提醒——领导阶层出现在各种各样的地方。约翰博士不仅仅是一个角色扮演者。他通过练习技巧使他的病人感到特别。他透露了他的激情，包括跑车，他建立了一个伟大的实践，他知道领导不是一份兼职工作。最后，在他的结束语中，他深刻地认识到，他对这项任务的关心有时会使他难以共事。关于他的很多东西都与这本书的永恒主题有关。他就是他自己，他表达自己的不同，但有技巧，有背景。他的同事和病人都为他的领导感到高兴和自豪。

　　现在问问你自己这个问题：你凭什么领导别人？

附录 A
评估（衡量）你的个人领导潜力

当我们已经具有成熟的想法时，当然，此时我们已经将它们运用到许多渴望在不同情境中发挥领导作用的人身上。这些情境包括商业、军事组织、教堂、慈善机构、运动队和政府。在所有这些情境中，同样的基本问题会反复出现。

在接下来的内容中，你将找不到领导的妙方。如果有的话，现在已经有人找到了。我们也不希望暗示，作为领导者的发展是容易的。因为它不是。我们经常被高效的领导者如何在他们的领域中努力工作所打动。

然而，我们发现，让个人冷静、反思地考虑这些问题，确实可以帮助他们专注于自己的领导潜力，以及如何开发这些潜力。

但是不要期望答案是容易的。让我们告诉你我们第一次使用这个问题列表时的情况。我们当时与一群有成就的高管一起工作，并与他们讨论了我们关于领导力的想法。我们紧张地让他们思考以下问题。不到半个小时，我们发现其中一个躺在沙发上，显然是睡着了。看起来这些问题好像没有用。但当我们经过他身边时，他睁开眼睛，我们担心地问："最近怎么样？""这是所有人问过我的最难的问题。"他回答说。所以他们自己试试吧。

1. 哪些个人差异可能成为你领导能力的基础？当你思考这个问题的时候，关注那些有可能让别人兴奋的差异，那些真正属于你的差异（而不是别人的），并在你的语境中表明一些重要的东西。同时，也要想想你的个人价值观和对你领导的人的愿景。（见第二章）。

2. 你会向你领导的人透露哪些个人弱点？记住，假装你是完美的是一个陷阱！但另一方面，你的领导力不太可能因为你所有的弱点被揭露而得到提升。你周围的人也不太可能对那些严重影响你表现的不可靠印象深刻。高效的领导者能够将他人的不满集中在自己的缺点上，而这些缺点反而会让他们更人性化、更有吸引力。（见第三章）。

3. 你能解读不同情境吗？这从你获取和解释软数据的能力开始。仔细想想，你能在多大程度上察觉到他人行为的微妙变化。你是否同样善于与老板、同事和下属，与客户和竞争对手相处？和你喜欢的人和你不喜欢的人在一起？你如何适应不同的文化？你是在一对一时表现更好，还是在一个小团队中或在大型聚会中表现更好？（参见第四章）。

4. 你是否足够循规蹈矩？记住，如果你不能意识到什么时候该退缩，你不可能活得长久；如果你不能找到共同点，你也不会与其他人建立联系。想想你是否有能力在不失去真实性的前提下获得他人的认可。（参见第五章）。

5. 你如何管理好社交距离？你能接近你所领导的人吗？你知道那些对你的表现影响最大的人的目标、价值观和动机吗？你还需要知道什么？你是否能够在适当的时候与他人保持距离？你的默认模式是什么：亲密还是距离？（见第六章）。

6. 你有良好的组织机构时间观念吗？你知道什么时候该加快速度，什么时候该多花点时间吗？你能巧妙地协调他人的努力吗？（见第七章）。

7. 你的沟通能力如何？你可以从很多方面考虑这个问题。例如，你如何很好地沟通你的个人差异，你的弱点，你的价值观和愿景？你在正式或非正式的场合表现好吗？你能通过幽默、例子和故事使你的交流个性化吗？你是否善于倾听？你能适应不同追随者的不同需求吗？（见第七章和第八章）。

附录 B
本真性与技能最大化

本书中一直贯穿的主题是，高效的领导既关乎真实性，也关乎技巧。我们观察到，一些有抱负的领导者从未真正做到这一点。考虑图 7-1 中的简单矩阵；想想你现在在哪个阶段，你想要达到的目标，你需要做什么来实现目标。

在 B 区域中，技能与真实性结合起来产生领导力。

在 A 区域中，个体对于自己是谁，是什么造就了他们，以及他们代表着什么有着强烈的感觉。但他们缺乏部署其属性的技能。他们可能无法阅读上下文，无法很好地沟通，无法通过潜在追随者的眼睛看世界。

在 C 区域中，我们发现有相当多的人具备较强的人际交往能力，但他们在领导员工时缺乏相关依据，这意味着追随者经常觉得自己的工作——是在被操控，有时是被剥削。他们从来没有展现出足够的人性来成为真正高效的领导者。

在 D 区域中，低水平的自我意识和技能结合在一起，产生了电视剧《办公室》（*The Office*）中被高度讽刺的大卫·布伦特（David Brent）角色——可悲的是，这个角色在一些组织机构中非常普遍。

　　在最抽象的术语中，沿着技能轴移动要比增加真实性容易得多。许多标准的商学院课程都与前者有关，后者需要更长的时间和更深层次的干预。

致　谢

在我们探索领导力本质的过程中，有很多人给予了我们帮助。在过去的五年里，我们与数百位来自不同组织机构的各级领导进行了交谈。在书中的大多数地方，我们都能识别出同我们进行过交谈的人，但在某些情况下，我们会对姓名和一些个人信息进行更改以保护隐私。感谢所有那些花费时间回答我们的问题，并将他们的经验与见解分享给我们的人，我们欠他们一个很大的人情。

特别感谢诺曼·阿达米、道恩·奥斯特威克、贝尔米罗·德·阿泽维多、约翰·鲍默、彼得·包必达、比尔·伯恩斯、帕蒂·卡扎托、保罗·丹尼希、里克·多比斯、格雷格·戴克、尼尔·菲茨杰拉德、大卫·加德纳、皮特·戈斯、西蒙·古利福德、弗朗兹·休谟、玛格丽特·詹姆斯、约翰·莱瑟姆、帕特·劳利斯、阿兰·利维、波拉娜·曼库索、奈杰尔·莫里斯、罗伯·默里、伊恩·鲍威尔、大卫·普罗瑟、托马斯·萨特伯格、马丁·索瑞尔爵士、珍·汤姆林，以及卡雷尔·乌尔斯汀。

我们也从他们的亲密同事（如果你愿意的话，也可以称他们为追随者们）和他们——通常也是我们——工作过的组织机构那里学到了很多。它们包括德科集团、巴克莱银行、英国广播公司、美国第一资本投资集团、Chime、艺电公司、盖璞、葛兰素史克公司、喜力集团、英国法通保险公司、德国汉莎航空公司、玛莎百货、雀巢公司、宝丽金、PWC、罗氏医疗保健公司，罗德伯勒学校、英国南非米勒酿酒公司、苏纳伊电信公司、索尼音乐公司、联合利华以及 WPP 集团。

我们在伦敦商学院、欧洲工商管理学院、亨利管理学院等学校的学生，为我们提供了现成的观点来源和魔鬼代言人。特别要感谢我们的同事埃斯特尔·鲍曼、杰伊·康格、已故的苏曼特拉·高沙尔和约翰·亨特，他们一路上给予我们建议、帮助和鼓励。我们的经纪人海伦·里斯再次帮助我们在出版界进行谈判，我们对此表示感谢。

实际上，我们要感谢卡罗琳·马登对手稿的帮助和耐心，以及对我们日记的精心保护，最终我们完成了这本书。

在哈佛商学院出版社，杰夫·基霍的耐心、坚韧和求知精神极大地帮助了我们。

连续几任《哈佛商业评论》的编辑——苏西·维特劳弗和汤姆·斯图尔特都鼓励我们的想法，他们的编辑同事，尤其是黛安娜·库图也是如此。我们感谢他们的持续支持。我们也感谢萨托普媒体的斯图尔特·克雷纳和戴斯·狄洛夫为我们提供的洞察力和编辑动力。

最后，感谢我们那些长期受苦受难的家庭——维奇、雪莉、汉娜、汤姆、瑞安、琼玛和罗比——他们为我们完成这本书付出了巨大的代价。

——罗布·戈菲与加雷思·琼斯

2005 年 6 月，于伦敦